Mitomanía, Alla Scoperta del Bugiardo Compulsivo

Juan Moisés de la Serna

Tradotto da Francesco Basso

Editoriale Tektime

2019

"Mitomanía, Alla Scoperta del Bugiardo Compulsivo"

Scritto da Juan Moisés de la Serna

Tradotto da Francesco Basso

Prima edizione: marzo 2019

© Juan Moisés de la Serna, 2019

© Edizioni Tektime, 2019

Tutti i diritti riservati

Distribuito da Tektime

https://www.traduzionelibri.it

PREFAZIONE

A volte nella vita ci troviamo ad avere a che fare con persone che ci dicono qualcosa che non risulta essere certo, ma ciò non vuol dire che questo qualcosa smetta di essere un aneddoto; ma quando le bugie sono costanti può essere che ci troviamo di fronte ad un mitomane, cioè una persona che mente in modo quasi compulsivo, conosciuto anche come bugiardo patologico.

Con questo libro imparerai in cosa consiste, come differenziarlo da altri casi che mostrano sintomi simili e come affrontare questo problema.

Obiettivo:

L'obiettivo di questo libro è quello di far conoscere la problematica della dipendenza dalla bugia e le sue conseguenze tanto sulla persona che ne soffre come su quelle che la circondano.

Per questo si analizzano la bugia, come nasce, e come differenziarla dalla patologia; allo stesso modo si forniscono indicazioni su come trattare queste persone.

Il tutto esposto con un linguaggio chiaro e semplice, lontano dai tecnicismi, e spiegando ogni concetto di modo che ciò possa servire come una vera guida.

Destinatari:

- Professionisti sanitari che devono confrontarsi con la cura di una patologia di questo tipo, in cui una persona non desidera e nemmeno può smettere di mentire.

- Coppie e familiari che subiscono le conseguenze delle bugie costanti del mitomane, affinché sappiano come affrontare questa situazione.

- Una qualsiasi persona interessata a sapere come la bugia possa avere effetti sulla vita e cosa fare quando questa si trasforma in una patologia.

A seguire, sono indicati i temi principali di questo libro:

- L'origine della bugia: ci sono diversi tipi di bugie, in funzione dell'obiettivo o dell'intenzione di chi le dice. Impara a distinguerle.

- La bugia tra i bambini: i bambini imparano a mentire da molto piccoli, ma per questo devono sviluppare la Teoria della Mente. Informati su cos'è questa teoria e su quando nasce.

- La bugia tra gli anziani: gli anziani a volte mentono, volontariamente oppure no. Scopri come differenziare le due cose.

- La diagnosi della bugia patologica, la mitomania: imparare a rilevare le bugie, e sapere quando queste sono passate dallo stato normale a quello patologico è fondamentale per poter stabilire la diagnosi opportuna.

- Trattamento della mitomania: in questo paragrafo si affronta uno degli aspetti più controversi dell'intervento clinico con i mitomani, dato che non tutti i professionisti condividono l'idea che li si possa davvero aiutare a smettere di mentire.

Cose sempre nella vita, abbiamo da occultare
ma mai una bugia, dovremmo pronunciare.

Non è una cosa per un'altra, quella che dobbiamo dire
non inganniamo nessuno, se è nostra intenzione uscire.

Facciamo attenzione, quando ci troviamo a parlare
perché mentire senza volerlo, ci finirà per pesare.

Che vuol dire mentire mi chiedo, è non dire la verità
è ingannare gli altri, dicendo loro falsità.

E che otteniamo con ciò? Magari molto, crediamo
però è un male farlo, sebbene mai lo pensiamo.

AMORE

Juan Moisés de la Serna

Ai miei genitori

RINGRAZIAMENTI

Ne approfitto qui per ringraziare tutte quelle persone che hanno collaborato con i loro contributi alla realizzazione di questo libro, in particolare D. Bernardo Ruiz Victoria, direttore del programma Victoria sul trattamento delle dipendenze, e D. Rafael López, Direttore della Fondazione Universitaria Behavior & Law.

Indice

CAPITOLO 1. COS'È LA MITOMANIA?

La mitomania, denominata anche pseudologia fantastica, fa riferimento ad un disturbo psicologico, per cui la persona colpita, denominata mitomane o bugiardo patologico, mente in continuazione, il che le conferisce una serie di vantaggi immediati, come ammirazione o attenzione. Occorre precisare che il termine "mitomania" ha anche un altro significato che si riferisce ad una tendenza ad ammirare eccessivamente una persona o una cosa, però noi qui ci concentreremo sull'aspetto patologico del suo significato.

A partire dall'ambito clinico è stata trattata come un tipo particolare di dipendenza, denominata dipendenza comportamentale o della condotta, in cui si avvertono sintomi simili a quelli della dipendenza da sostanze, come l'alcool o il tabacco, però in questo caso si tratta di una dipendenza da un comportamento specifico, quello del mentire.

A differenza di altre dipendenze come la cleptomania, caratterizzata dal furto compulsivo senza la ricerca dell'arricchimento personale, nella mitomania può esserci oppure no l'intenzione di ingannare o truffare, sebbene il suo vero fine sia quello di deformare la realtà per raccontare una storia personale più eclatante.

All'inizio queste narrazioni hanno il loro effetto, ammaliando chi le ascolta e ottenendo attenzione, rispetto e perfino ammirazione, il che è ciò che in fin dei conti porta a mantenere questo comportamento, prevalendo sulla paura di essere scoperti.

Nonostante il mitomane faccia tutto il possibile per non essere smascherato, quando ciò succede e si constata la falsità delle sue storie egli stesso ottiene l'effetto contrario rispetto a quanto in realtà desideri, cioè i suoi conoscenti e amici tendono a respingerlo e a isolarlo, dal momento che si sentono ingannati.

I familiari che già sono a conoscenza della sua tendenza a mentire smettono di prestargli attenzione al momento di prendere delle decisioni e non gli prestano tanta attenzione riguardo a ciò che racconta.

A chiunque di noi può avvicinarsi uno sconosciuto che racconti aspetti della sua vita che possono sembrarci eclatanti o strani, ma quando incontriamo la stessa persona in diverse occasioni, in cui ogni volta quest'ultima racconta una storia differente, è facile iniziare ad avere sospetti sulla veridicità di ciò che racconta.

E quando nelle storie veniamo inclusi noi stessi, con aneddoti che presumibilmente abbiamo vissuto insieme, a quel punto sì che non ci sono dubbi sul fatto che questa persona stia mentendo, e per di più spudoratamente, su qualcosa che sicuramente non abbiamo mai vissuto.

Questo è il processo attraverso il quale sono soliti passare i parenti più stretti, gli amici e i conoscenti, che, dopo pochi incontri con il mitomane, sono capaci di comprendere il problema di quest'ultimo, dal momento che la conseguenza più diretta è l'immediata perdita di credibilità di tutto ciò che lui dice, diventando così una persona di cui non ci si può fidare.

Il circolo vizioso della bugia

Le bugie per falsificazione e omissione possono nascere in modo spontaneo come un modo per evitare un castigo o per giustificare una mancanza di puntualità o di svolgimento di un qualsiasi compito affidato. Arrivare tardi ad un appuntamento o non aver preparato il lavoro richiesto il giorno precedente possono essere situazioni propizie affinché nasca la bugia.

I benefici immediati che provocano queste bugie possono essere la causa scatenante per un consolidamento della ripetizione di tali comportamenti, osservando che più si mente meno compiti si devono svolgere.

Esiste una linea molto sottile tra un comportamento che ricerca un beneficio immediato e il comportamento che crea dipendenza, dato che il secondo si acquisisce per ripetizione ma soprattutto per la sensazione di impunità che lascia a chi mente.

Chi è dipendente, sebbene lo desideri, non può smettere di mentire, dal momento che questa è diventata una parte del suo modo di comportarsi e di relazionarsi con gli altri, arrivando a sentirsi indifeso se non abbellisce la verità con menzogne che la rendano più interessante.

Come per qualsiasi dipendenza, siamo tutti esposti alla possibilità che si presenti quest'occasione, ma la differenza dipenderà dalla formazione dei valori di una persona, che porta quest'ultima a sapere che ciò che fa non è corretto e soprattutto a cercare di porre a ciò un freno affinché non si vada oltre.

La situazione che può portare alla nascita di un comportamento mitomane è di solito relazionata con lo stress, quando una persona si trova sommersa dagli impegni e pensa di ricorrere alla bugia come via d'uscita facile da tale tensione; proprio questo senso di liberazione che si sente quando si esce da una situazione difficile con una bugia va ad essere il motivo che porta alla ripetizione di questo comportamento in altre occasioni.

Non vi è uno schema preciso su dove sarà la prima volta né su come continuerà, ma è certo che se la persona si trova in un ambiente in cui tale comportamento è normale, accettato o giustificato, sarà più facile che ciò si ripeta, per esempio nel gruppo di amici, in cui è possibile che vengano anche tollerate le continue menzogne di uno del gruppo.

Sebbene i familiari e gli amici siano i più esposti a queste bugie, sono anche quelli che prima di tutti se ne accorgono, proprio per la convivenza con il mitomane, dato che conoscono la sua vita e soprattutto si rendono conto dell'inconsistenza delle sue bugie nel corso del tempo. È per questo che le "vittime" principali sono quelle che si incontrano sporadicamente, senza che vi siano con queste delle relazioni stabili.

Quando il beneficio cercato è unicamente quello di suscitare ammirazione nell'altro, questo comportamento non porta a conseguenze gravi, ma se su questa base si fonda una relazione, quando una persona si rende conto delle bugie tende ad abbandonare il mitomane, e di conseguenza si andrà a rompere la fiducia su cui si suppone sia costruita la relazione.

Se una volta scoperte da familiari e amici le bugie non sono eliminate in tempo, queste possono invogliare il mitomane a continuare a comportarsi così, non incontrando nessun freno alla sua dipendenza. Il modo di procedere potrebbe essere quello di mettere il mitomane di fronte alla realtà, ed esporgli le conseguenze del suo comportamento, soprattutto per quanto riguarda le sue relazioni personali.

La bugia nell'infanzia

Bisogna tenere in considerazione che la mitomania richiede un certo grado di sviluppo da parte di una persona soprattutto in ciò che viene denominato Teoria della Mente.

Questa teoria fa rendere conto di come ognuno di noi sia consapevole del fatto che le altre persone hanno il loro proprio modo di pensare, differente dal nostro.

Ciò sembra un'ovvietà, ma non lo è per i bambini, i quali hanno bisogno di un certo livello di sviluppo per capire che ciò che si pensa è diverso da ciò che pensano gli altri.

La Teoria della Mente fa rendere conto di un fenomeno che si credeva essere esclusivo della razza umana opposta alle altre specie animali, per cui una persona è capace di capire che un altro individuo ha i suoi propri gusti e opinioni, il che la aiuta a prevedere i suoi comportamenti, essendo l'inganno la forma più facile per evidenziare questa teoria.

Se sono capace di ingannare un'altra persona è perché so cosa va a pensare l'altra persona, e io mi muovo in anticipo per trarre beneficio da ciò.

Un comportamento che si credeva esclusivo degli esseri umani finché non si è accertato come lo mostrassero anche i primati più vicini dal punto di vista evolutivo a noi.

La caratteristica principale è che una persona arriva a conoscere, intendere e comprendere che è un individuo diverso dagli altri, con un modo proprio di pensare, sentire e comportarsi. E che gli altri sono individui come lui ma con i propri pensieri, sentimenti e modi di comportarsi. Questa cosa all'apparenza semplice porta ad una conseguenza, quella della bugia.

Se infatti posso prevedere il modo di pensare dell'altro o il suo modo di comportarsi, posso cercare di manipolarlo per trarre da ciò un beneficio.

Attuando una semplificazione, se io so ciò che tu pensi e desidero qualcosa da te, posso farti credere ad una menzogna per ottenere quel qualcosa.

Per esempio, attribuendomi una cosa compiuta da un altro ma che desidero che chi si trovi davanti a me creda sia stata compiuta da me.

Così come è stato detto, questa capacità di mentire agli altri e di ottenere da loro ciò che si desidera si è vista tanto nei primati come in altre specie animali, come modo di ingannare i propri simili o le altre specie.

Attualmente dalla zoologia e dalla biologia in generale ci sono diversi esempi di "inganni" all'interno del regno animale, anche se non si trovano tutti d'accordo sul fatto che l'inganno sia sufficiente per determinare che esista la Teoria della Mente.

Quindi bisogna verificare se, ad esempio, alcuni animali usano la mimetizzazione con l'ambiente in cui si trovano per non essere visti dalle loro prede, caso di cui l'esempio più importante è quello del camaleonte.

Allo stesso modo altri animali usano colori accesi per indicare che sono velenosi quando invece in realtà non lo sono, evitando in questo modo di essere prede facili, è il caso ad esempio di alcuni invertebrati che "copiano" i colori delle specie velenose.

Nonostante in entrambi i casi si cerchi di "ingannare" i predatori, non si considera che si tratta di un inganno in sé, e che quindi non vi sono né una Teoria della Mente né una consapevolezza di ciò.

I bambini invece nemmeno hanno questa intenzionalità al momento di esprimere ciò che vogliono o desiderano, ma con il tempo e l'esperienza vanno a sviluppare tanto le abilità linguistiche come quelle cognitive il che permette loro di riuscire a mentire, in quanto acquisiscono questa Teoria della Mente.

Bisogna tenere in considerazione che, a differenza degli adulti, i bambini non dicono le bugie nello stesso modo. Uno studio analizza il tipo di bugie in bambini tra i 6 e i 12 anni per cercare di comprendere perché nascano queste bugie.

La prima cosa da chiarire su questa questione è il concetto di bugia infantile, e bisogna tenere in considerazione che per far sì che si tratti di una "bugia autentica" devono esserci diversi elementi, come l'intenzionalità di ingannare l'altro, e per questo deve esserci una distinzione tra ciò che penso io e ciò che pensa l'altra persona.

Ciò che negli adulti è evidente non si sviluppa pienamente nei bambini fino ai 6 o 8 anni, età in cui prende forma la Teoria della Mente, cioè il bambino è consapevole di essere un singolo individuo, con propri pensieri e sentimenti, e che gli altri hanno allo stesso modo un proprio modo di pensare. Con questa premessa è possibile realizzare l'inganno, affinché l'altro pensi ciò che noi vogliamo, come ad esempio "Non sono stato io" oppure "Nessuno me l'ha detto".

Allo stesso modo bisogna stabilire una distinzione tra bugia antisociale e bugia prosociale. La prima si riferisce alle bugie che si dicono per ottenere ciò che si desidera o per evitare una punizione, che possono verificarsi a partire dai due anni e mezzo, e si tratta di bugie che non si mantengono con il tempo e che sono facili da rilevare.

Le seconde, quelle prosociali, si riferiscono ai casi in cui l'altra persona si senta meglio con una bugia, cosa che negli adulti è denominata "bugia a fin di bene", ad esempio quando un bambino dice alla madre che una cosa "è deliziosa" quando in realtà è bruciata, e su questo tipo di bugia vi sono meno indagini, ma quando un padre deve preoccuparsi per le bugie di suo figlio?

Questo è ciò che hanno cercato di scoprire insieme il Dipartimento di Istruzione e Counselling Psicologico, l'Università McGill (Canada) e il Dipartimento di Psicologia, la Facoltà John Jay, e l'Università di Ciudad Nueva (EE.UU.), i cui risultati sono stati pubblicati sulla rivista scientifica Journal of Experimental Child Psychology.

Allo studio hanno partecipato 79 bambini di età compresa tra i 6 e i 12 anni, dei quali 36 erano bambine.

Tutti loro sono stati sottoposti ad una situazione programmata denominata Paradigma del regalo deludente, in cui si chiede al bambino di valutare una serie di oggetti come appetibili oppure no.

Dopo aver realizzato dei compiti, un collaboratore dà loro un regalo, una scatola chiusa che devono aprire, che a volte contiene qualcosa che il bambino desidera e altre volte no (situazione deludente). In tutti i casi il collaboratore chiede al bambino se gli è piaciuto il regalo.

Nella seconda situazione, quella deludente, si osserva se il bambino desidera cambiare il regalo, se dice che non gli piace o se invece dice che gli piace, cosa quest'ultima che viene vista come una bugia prosociale, detta per non far dispiacere il collaboratore.

Allo stesso modo è stata realizzata per questi bambini una prova per verificare fino a che punto si fosse sviluppata in loro la Teoria della Mente, oltre ad un test di Stroop (in cui vi sono parole di colori diversi, e in cui a volte si deve leggere la parola senza tener conto del colore e altre volte cercare il colore senza tener conto della parola, con la difficoltà che si presenta ad esempio davanti a parole come NERO scritta in rosso, o VERDE scritta in celeste) per osservare la flessibilità mentale, e per concludere una prova per la memoria di lavoro valutata attraverso la sottoscala di Digit Span per le prove di intelligenza standardizzata Wechsler Intelligence Scale for Children – Fourth Edition.

I dati mostrano che non vi sono differenze significative tra i risultati ottenuti tra bambini e bambine.

In più della metà dei casi (59,5%), i bambini hanno mostrato una bugia prosociale, quelli che hanno avuto un maggiore sviluppo tanto della Teoria della Mente come in ciò che fa riferimento alla memoria di lavoro.

Nonostante la chiarezza dei risultati, gli autori non cercano di valutare perché alcuni bambini hanno un maggiore o minore sviluppo della Teoria della Mente rispetto ad altri, e neppure se esiste una relazione tra ciò e l'età del bambino.

Allo stesso modo e nonostante si tratti di una situazione programmata, l'osservazione naturale, cioè in casa o con gli amici, può fornire maggiori informazioni rispetto a quella fatta in laboratorio.

Infine, indicare che quei bambini che mostrano bugie prosociali sembrano essere quelli in cui sono maggiormente sviluppate le abilità cognitive valutate porta a riconsiderare il concetto di bugia come qualcosa di negativo, almeno nei casi in cui ci si riferisce alla bugia prosociale o a fin di bene.

Si lascia alle prossime indagini la comparazione tra i due tipi di bugie, per sapere se vengono prodotte alla stessa età o sono indipendenti tra di loro, e perché sono sostenute da processi differenti.

Bisogna tenere in considerazione che allo stesso modo che per altri comportamenti i bambini apprendono dai genitori come comportarsi, e sono questi ultimi quelli che nelle prime tappe della sua vita possono plasmare il bambino.

Così, se gli adulti non prendono sul serio la bugia, il bambino crederà che ciò che fa "sia buono" o che almeno non "sia sbagliato", per cui è più probabile che ripeta ciò in futuro.

Tuttavia ricordo un racconto che mi raccontarono da bambino al riguardo, il racconto del lupo e del pastorello, che cerca di trasmettere ai bambini l'inopportunità della bugia.

Si trattava di un pastorello che viveva in un villaggio,

incaricato di condurre le pecore e di dare l'allarme nel caso ci fosse qualche pericolo.

Così, il pastorello si prendeva gioco di tutti gridando "Al lupo", e tutti accorrevano a difendersi spaventati; la terza volta che lo fece, la volta in cui effettivamente il lupo stava arrivando per davvero, nessuno gli credette, e il lupo attaccò l'allevamento di cui egli si prendeva cura.

In questo semplice racconto si vuole dire che se si mente spesso gli altri finiranno per non prestare più attenzione e non crederanno più a nulla, anche nei casi in cui si stia dicendo la verità.

Questa cosa che si cerca di trasmettere sin dall'infanzia è proprio ciò che succede nella realtà, ma il bambino non ne è cosciente finché ciò non gli viene insegnato.

Ciò che si è in grado di apprendere dai genitori, oltre alle abilità che si acquisiscono con lo sviluppo cognitivo e con l'esperienza con gli altri, va a formare la Teoria della Mente, che è necessaria per i bambini.

Finora questa teoria era ritenuta universale e uguale per tutti, cioè tutti i bambini indipendentemente da cosa facessero o da dove vivessero sviluppavano la Teoria della Mente nello stesso momento, e ciò era dovuto ad un processo evolutivo prestabilito dell'individuo, ma un recente studio mette in discussione tutto ciò.

L'indagine transculturale permette di comprendere se

vi siano fenomeni psicologici costanti nonostante la distanza e soprattutto la cultura, o se questi sono condizionati dal paese in cui cresce l'individuo.

La Teoria della Mente nasce nei più piccoli per l'esperienza e il proprio sviluppo cognitivo associato, sebbene questo non sia un processo che progredisce con la stessa "velocità" in tutto il mondo dato che dipende dal paese in cui ci si trova.

Almeno così afferma uno studio realizzato insieme dal Centro di Investigazione della Famiglia, dall'Università di Cambridge (Inghilterra), dalla Facoltà di Istruzione, dall'Università di Kyoto (Giappone), dal Dipartimento degli Studi Umanistici e dall'Università di Pavia (Italia).

Allo studio hanno preso parte 268 alunni con età compresa tra i 5 e i 6 anni di tre paesi differenti, Inghilterra, Italia e Giappone, con la realizzazione di comparazioni tra di loro con i risultati ottenuti sulla Teoria della Mente.

A tutti i partecipanti è stata assegnata la lettura di due testi, "The Nasty Surprise" e "The Chocolat Story", in cui si parla dell'inganno tra i personaggi della favola, per valutare se il bambino possa comprendere come si produce la bugia, chiedendogli come si possa sentire il personaggio ingannato e perché.

Allo stesso modo sono stati valutati nella loro

performance linguistica tramite la scala standardizzata denominata Wechsler Preschool and Primary Scale of Intelligence (W.P.P.S.I.-III).

I dati indicano che i bambini inglesi ottengono migliori risultati di quelli giapponesi e italiani.

Gli autori indicano che la superiorità dei risultati della cultura occidentale (inglese e italiana) su quella orientale (giapponese) ha la sua origine nel modo diverso di vedere la vita e di affrontarla, il che spiegherebbe queste differenze nella Teoria della Mente.

Mentre invece la "superiorità" del sistema inglese su quello italiano si deve al fatto che nel primo l'ingresso del bambino nel sistema educativo avviene prima, per cui davanti alla stessa comparazione di età, dai 5 ai 6 anni, il bambino inglese ha già ricevuto uno stimolo sufficiente che favorisce un livello maggiore di sviluppo della Teoria della Mente rispetto al bambino italiano, che non ha avuto quasi nessuna esperienza scolastica importante al riguardo.

Ciò evidenzia diversi livelli di Teoria della Mente in funzione del paese in cui si vive e soprattutto del sistema educativo in cui si trova immerso un bambino.

Sebbene finora abbiamo evidenziato il ruolo della Teoria della Mente come necessario affinché si possa produrre una bugia, così come detto nello studio, l'importanza di conoscere la Teoria della Mente va oltre, dato che inoltre si relaziona con l'esito scolastico e sociale del bambino, e su ciò si consolidano le esperienze positive che favoriranno nel bambino un migliore sviluppo futuro.

Questo studio apre la porta alla comprensione del fallimento scolastico e della necessità di rivedere i modelli educativi di ciascun paese, per fornire non solo una conoscenza adeguata agli alunni ma anche un adeguato ambiente di motivazione e di sviluppo cognitivo come è la Teoria della Mente, a causa dell'importante ruolo che questa va ad avere in altre aree della vita futura del bambino.

Bisogna tenere in considerazione che la bugia, così come è stato detto, si va a "costruire" in società fin da piccoli, quando il bambino impara le conseguenze del dire la verità oppure no.

Una delle abilità più utili per il nostro sviluppo nella società è la possibilità di rilevare le false credenze tanto in sé stessi come negli altri.

Si considera che un bambino abbia sviluppato questa abilità denominata Teoria della Mente quando è capace di rilevare i pensieri propri e degli altri, e di paragonarli con la realtà, accorgendosi di quando avviene un inganno.

Questa abilità la sviluppiamo tra i 3 e i 6 anni e la perfezioniamo per tutto il corso della nostra vita, il che permette a quelli che la possiedono di poter pensare a ciò che l'altro vuole, desidera e crede, come persona diversa da noi.

Prima che questa capacità nasca i bambini pensano che tutti gli altri sappiano, credano e desiderino le sue stesse cose, non essendo capace di stabilire una chiara differenza tra il mondo mentale interno e quello esterno. Proprio questa mancanza di separazione tra il mondo interno e quello esterno è uno dei principi su cui si basano quelli che stabiliscono che questa mancanza di sviluppo si vede soprattutto nei bambini con disturbo dello spettro autistico.

È un'abilità che per loro è molto difficile da sviluppare e questo arriva ad essere caratteristico della loro condizione, ciò che "chiude la porta" a buona parte dello sviluppo sociale basato precisamente sul sapere che l'altro ha i propri pensieri, sentimenti e desideri, indipendentemente dai propri.

A mano a mano che cresciamo e abbiamo più esperienza, siamo capaci non solo di sapere che gli altri pensano in un modo diverso dal nostro ma anche di identificare che ogni persona ha la sua propria mentalità, e da qui nasce la possibilità di partecipare ai desideri degli altri, o di trarne vantaggio con l'inganno. Ma è possibile allenare i bambini ad accorgersi delle false convinzioni?

Questo è ciò su cui cerca di indagare l'Università di

Girona (Spagna), i cui risultati sono stati pubblicati sulla rivista scientifica Child Development Research.

Allo studio hanno preso parte 78 bambini, 41 bambine e 37 bambini, ai quali si richiede di avere uno sviluppo normale, per cui dovevano superare una prova di vocabolario standard denominata P.P.V.T. (Peabody Picture Vocabulary Test).

È stata svolta un'analisi precedente e posteriore dopo l'esercitazione per constatare l'efficacia di quest'ultima valutata attraverso l'U.C.T. (Unexpected Content Task), in cui si osservava se i bambini arrivavano a comprendere o no le false convinzioni, e che è stata completata con delle risposte motivate.

I risultati indicavano che i bambini con il punteggio migliore nella prova precedente di comprensione delle false convinzioni miglioravano significativamente con l'esercitazione, mentre quelli che avevano punteggi bassi non mostravano differenze riguardo all'apprendimento nell'esercitazione. Ciò dimostra lo scarso effetto dell'esercitazione così come è programmata.

Nonostante ci siano informazioni sul numero di partecipanti per quanto riguarda il genere, non ce ne sono invece riguardo al numero di quelli che avevano punteggi più elevati e che quindi apprendevano meglio, il che non permette di stabilire se i dati sono ugualmente validi per entrambi i generi, o se questa esercitazione è migliore per i bambini o le bambine. Allo stesso modo, il numero ridotto di partecipanti fa sì che sia necessaria una nuova indagine al riguardo.

Per ultimo e non per importanza, l'implicazione dell'esercitazione al momento di applicarla a bambini con disturbo dello spettro autistico, i quali normalmente ottengono punteggi bassi, per cui l'esercitazione stessa così come è programmata non serve loro per superare questa carenza nello sviluppo che è così importante per le abilità sociali e per l'integrazione con i loro simili.

CAPITOLO 2. SINTOMI DELLA MITOMANIA

Come una qualsiasi altra psicopatologia, questo disturbo è caratterizzato da una serie di sintomi più o meno evidenti, i quali servono da segnali per familiari e amici per sapere che qualcosa non va bene.

Lo specialista da parte sua indaga sulla persona durante la consulenza per sapere se ci sono oppure no questi sintomi per poter stabilire una diagnosi di mitomania o la dipendenza dal mentire.

Questo disturbo non è contemplato nel manuale di diagnosi più diffuso negli Stati Uniti, il D.S.M.-V. (sigla in inglese di Manuale Diagnostico e Statistico dei Disturbi Mentali, attualmente alla sua quinta versione), mentre lo è in quello usato in Europa, denominato C.I.E.-10 (Classificazione Internazionale delle infermità attualmente alla sua decima versione) all'interno del Disturbo Asociale della Personalità, le cui caratteristiche principali sono una trascuratezza degli obblighi sociali e un distanziamento nell'empatia di sentimenti dagli altri. Vi è una gran disparità tra il comportamento di una persona e le norme sociali prevalenti, con un comportamento che difficilmente si modifica attraverso le esperienze avverse o la punizione.

Queste persone hanno infatti una bassa tolleranza alla

frustrazione, così come una bassa soglia per i comportamenti aggressivi, favorendo così l'apparizione della violenza, con una chiara tendenza a colpevolizzare gli altri o ad offrire razionalizzazioni quasi verosimili riguardo al comportamento che porta una persona ad entrare in conflitto con la società.

Tradizionalmente si è considerata la mitomania come parte dei disturbi degli impulsi, dato che condivide sintomi e caratteristiche comuni con altri tipi di dipendenze come le seguenti:

- alti livelli di ansia quando ci si trova in situazioni propizie per l'atto;

- pensieri ricorrenti di intrusione che spingono una persona a mentire;

- impotenza nel resistere all'impulso di falsificare la realtà;

- liberazione dalla pressione con la soddisfazione di non essere scoperto per le proprie bugie.

Ciò va a generare un circolo vizioso autoalimentato che va a fomentare e mantenere il comportamento del mentire, anche nel caso in cui si è "beccati", e a sottovalutare le conseguenze che queste bugie stanno causando alla vita di una persona.

Tra le manifestazioni della mitomania che le sono proprie e che la differenziano dalle altre dipendenze vi sono:

- tendenza a rendere meno precisa la realtà con magnificenze;

- ricerca dell'accettazione e dell'ammirazione degli interlocutori;

- bassa autostima unita a scarse abilità sociali;

- paura costante di essere scoperti;

- bugia elaborata, estesa e complicata;

- incremento progressivo della grandezza delle bugie con il tempo.

In fasi più avanzate della mitomania, quando una persona ha perso il "controllo" sul suo disturbo, le bugie smettono di essere ben strutturate e con un discorso sensato, il che dà spazio a storie ogni volta più fantastiche e lontane dalla realtà.

Allo stesso modo se all'inizio si è consapevoli del fatto che si sta mentendo, man mano che si continua a mentire alla fine si finisce col "credere alle proprie bugie".

La bugia, così come si vedrà in modo più approfondito nel paragrafo successivo, può essere presente in altri problemi mentali, come il disturbo borderline di personalità, il disturbo bipolare o il disturbo di schizofrenia; è inoltre abituale che si presenti insieme ad altre dipendenze come quella del consumo di sostanze illegali o la ludopatia.

Proprio il credere alle proprie stesse bugie fa sì che una persona si accorga con più difficoltà di un proprio disturbo e di conseguenza difficilmente quest'ultima andrà a cercare uno specialista che lo aiuti con il suo problema. Anche se è un familiare o il proprio partner a portarlo in clinica è difficile che questa riconosca il suo problema, e quindi nella maggior parte dei casi si rifiuterà di collaborare nella terapia, per cui il risultato raggiungibile sarà molto scarso.

Profilo del mitomane

Sebbene ci sia ancora una scarsa indagine al riguardo sembra che la mitomania sia frequente soprattutto negli uomini, e ha origine in determinate caratteristiche della personalità che vanno a formare l'abitudine di mentire, ad esempio il mitomane è di solito narcisista, ha una bassa autostima, scarse abilità sociali e sfiducia nelle persone e nelle sue relazioni, tra le altre cose.

Si stima che circa l'1% della popolazione sia solita soffrire di mitomania, con l'età media della diagnosi che parte dai 22 anni.

Alcuni autori affermano inoltre che potrebbe esistere una certa predisposizione genetica, aspetto ancora oggetto di discussioni.

Per scherzo, quando parlo con i miei colleghi della mitomania, questi mi dicono che i politici sono i primi e più chiari esempi di mitomani, ma io rispondo loro che questi possono essere bugiardi o manipolatori ma non mitomani. Davanti alla loro sorpresa spiego loro che la mitomania non ha un'intenzionalità dietro e che non cerca niente dagli altri, a parte ammirazione e fingere di essere ciò che non si è.

Sebbene il politico possa sembrare avere qualcuna di queste caratteristiche, la cosa finisce lì, perché le mezze verità o le bugie hanno un fine dietro, cioè cercare voti, reperire denaro, danneggiare l'immagine degli avversari...

Nessuno di questi è un comportamento tipico del mitomane, che è più preoccupato di rendere il più credibile e completa possibile la propria bugia, godendo delle facce meravigliate e della quasi venerazione che provoca negli altri, ma che in nessun caso sta attento a voti o al numero dei suoi racconti per vedere se ha ottenuto più donazioni per la sua campagna.

Per me i politici potranno essere esempio di molte cose, ma non della mitomania, nel senso stretto del termine.

La bugia negli anziani

Una delle situazioni più difficili per le persone più grandi è quando queste iniziano a perdere la memoria, il che a poco a poco li va ad allontanare dalla realtà in cui vivono.

Infatti modelliamo la nostra vita attraverso i ricordi e gli eventi del passato, che danno senso a ciò che siamo o che facciamo.

Quando la dimenticanza entra nella nostra vita si formano lacune nella memoria, spazi bianchi del nostro passato che fanno sì che dobbiamo affrontare nuove situazioni, come quella di poter perdere il senso di ciò che siamo.

È certo che se vengono poste domande a chiunque di noi su un qualsiasi evento del nostro passato i dettagli possono essere vaghi e confusi, e possiamo anche non ricordarlo, soprattutto se si tratta di un fatto "normale".

È possibile che siamo capaci di raccontare ciò che abbiamo fatto il giorno del nostro sedicesimo compleanno, ma sicuramente ci sarà impossibile ricordare che successe quello stesso giorno un mese prima. Ciò è dovuto al fatto che lo straordinario è più facile da ricordare rispetto ai fatti quotidiani.

Tutti questi fatti vanno a raccogliersi nella memoria, formando ciò che siamo come persone. In più la memoria conserva gli eventi in funzione delle emozioni forti che lo caratterizzano. Così un incidente stradale, la morte di un familiare o la nascita del nostro primo figlio sono ricordati molto meglio rispetto anche ai nostri compleanni, dato che il trasporto emotivo in questi casi è superiore.

Allo stesso modo un gran dispiacere può "inasprirci" il carattere, come sapere che il nostro parner ci tradisce o che nostro figlio è morto tragicamente, fatti che possono essere determinanti per cambiare il nostro carattere, ma quando arriva l'anzianità e iniziano a crearsi questi problemi associati alla memoria tutto cambia.

Risulta che ora le ragioni del nostro modo di essere, plasmato da quei fatti del passato, ora già non ci sono più. Quella persona con cui non ci si parla da 20 anni perché quest'ultima ci ha "rubato" la ragazza, se la si incontra ora ci si parla tranquillamente, da amici, e tutto perché non ci si ricorda quel fatto spiacevole che scatenò questa sensazione di tradimento e la conseguente separazione e allontanamento da quella persona.

Allo stesso modo succede con il resto dei ricordi, man mano che questi vengono cancellati, e così la personalità dell'anziano va a cambiare, ma una persona non è solita abituarsi al perdere la memoria. Il cervello ha al suo interno meccanismi per colmare le lacune tramite delle storie inventate.

Bugie che non possono essere equiparate a quelle del mitomane, infatti non vi sono né intenzionalità né benefici, si punta solo ad unire i punti di una linea, in cui vi è un vuoto nel ricordo.

Questo però può essere normale e anche buono

all'inizio. Una persona, senza rendersene conto, può entrare nel circolo vizioso del mentire, in cui si sente più tranquilla, iniziando così il processo di mitomania, alimentato dal beneficio di vedersi egli stesso "completo".

Qualsiasi cosa che voglia mettere l'anziano di fronte alla realtà e fargli vedere che è in errore si trasforma in una molestia.

Nei casi più estremi, così come succede nella mitomania, si possono creare episodi di mitomania in cui una persona crede che tutto il mondo sia contro di lei, e che se le viene detto che si sbaglia o che non è così, pensa che glielo si dica per mettere in dubbio la sua parola e per farla dubitare.

Nel caso in cui si soffra di una qualsiasi infermità neurodegenerativa associata alla perdita della memoria, come nel caso dell'Alzheimer, tutto questo processo è molto più rapido.

La differenza essenziale, riguardo alla'anziano con un invecchiamento normale, è che da quando si ha la prima diagnosi di Alzheimer lo specialista che si occupa del caso avverte i familiari affinché questi sappiano che si incontreranno in tutte le fasi della infermità, la quale, non avendo nessuna cura, va con il tempo a peggiorare riguardo alla sua sintomatologia, incluse le lacune nella memoria.

Nell'anzianità si producono anche lievi deterioramenti

cognitivi propri dell'età, che a volte portano i più grandi a cambiare la propria personalità, fino al punto di arrivare ad essere irriconoscibili per i familiari e gli amici più stretti.

Così si crea in alcuni casi un irrigidimento del pensiero, che impedisce di accorgersi del punto di vista degli altri, considerando come certo soltanto il proprio e considerando come un "attacco alla sua persona" una qualsiasi opinione che non si avvicini alla "sua verità".

Allo stesso modo e col motivo del deterioramento degli anziani si possono osservare comportamenti caratterizzati dal mentire continuati come modo di ottenere attenzione o di fuggire da un qualsiasi compito loro assegnato, ma senza arrivare a diventare un bugiardo compulsivo.

La differenza consiste nel fatto che una persona da più valore a ciò che ottiene o che evita che alla verità, e il tutto è il prodotto di un deterioramento cognitivo, dato che prima non veniva mostrato questo comportamento.

Ma l'età non solo va ad influire su ciò che una persona ricorda o no, aspetto che può darsi non abbia molta rilevanza nel suo ambito familiare, ma anche sulla vita degli altri, per esempio quando una persona è testimone di un delitto e le si richiede di far parte della giuria per testimoniare su ciò che ha visto. Questo è un aspetto che in una qualsiasi altra situazione non sarebbe niente di più che aneddotico, ma è molto grave quando la testimonianza di una persona può far sì che l'accusato possa essere messo oppure no in prigione.

È certo che sono molte le situazioni che possono influire su un testimone, tanto nel momento in cui ha sperimentato e vissuto quel fatto come nel momento in cui l'ha recuperato. Così, a seconda delle domande che si fanno ad una persona, si può star incidendo su alcuni dettagli piuttosto che su altri, e si può anche arrivare a far dubitare questa persona di sé stessa.

Ma la cosa più frustrante per la polizia così come per gli avvocati è quando qualcuno dice di essere totalmente sicuro dell'accaduto e della persona che ha perpetrato l'atto e comunque ciò alla fine risulta non essere certo, cosa che viene denominata come falso ricordo.

Bisogna escludere da questo concetto l'intenzione consapevole di ingannare e manipolare la risposta cercando un qualche vantaggio personale o di arrecare un danno ad altri, casi in cui si parla di inganno o simulazione ma non di falso ricordo.

Sebbene attualmente esistano molti strumenti meccanici che possono registrare gli eventi criminali, come telecamere di sorveglianza o i cellulari dei presenti, il ruolo del testimone continua ad essere fondamentale per determinare chi è stato implicato in un crimine.

Biondo, bruno, alto, basso, con le lentiggini, con una cicatrice, sono molti i dettagli chiesti ad un testimone per poter stabilire prima di tutto il profilo del criminale e che sono cercati dalle forze di sicurezza, e successivamente i testimoni vengono sottoposti alla prova del riconoscimento, in cui vengono loro presentate diverse persone con varie caratteristiche simili a quelle descritte, affinché il testimone indichi e segnali chi tra di loro è il colpevole.

Questi aspetti continuano ad essere necessari quando non si hanno a disposizione altre prove materiali come il DNA sulla scena del crimine. Ma fino a che punto è affidabile la testimonianza?

Come è stato indicato precedentemente sono molte le situazioni che possono cambiare il ricordo, ad esempio influisce anche l'età del testimone, dal momento che vengono ritenuti più affidabili quelli di maggiore età. Ma gli anziani non sono più propensi ad avere falsi ricordi?

Questo è ciò su cui cercano di indagare il Dipartimento di Psicologia, il Centro di Epidemiologia ed Età Cognitiva, e l'Università di Edimburgo (Regno Unito), i cui risultati sono stati pubblicati sulla rivista scientifica Frontier in Aging Neuroscience.

Se si dà maggior peso a chi è più grande, come testimoni affidabili, rispetto ai più giovani, bisogna valutare la possibilità di verificare se questi soffrano o no di casi di falsi ricordi.

Sono stati svolti due esperimenti. Al primo hanno preso parte 48 persone, una metà con giovani con un'età media di 20 anni e l'altra metà con adulti con un'età media di 69 anni. In totale hanno partecipato allo studio 110 persone, di cui 60 erano donne.

Nel primo esperimento si chiedeva ai partecipanti di vedere delle immagini e alla fine della prova di verificare se erano state mostrate in precedenza oppure no. Nella seconda prova il compito era lo stesso, con la differenza che si chiedeva di identificare un'immagine simile a quella presentata durante la fase di prova. Allo stesso modo è stata manipolata la qualità delle immagini nel caso di immagini riconoscibili o astratte.

I risultati mostrano che in entrambi i casi i giovani sono più abili nell'identificare correttamente gli stimoli presentati precedentemente, indipendentemente se siano astratti o no. Gli anziani invece quando gli stimoli erano astratti avevano più difficoltà nel riconoscimento dato che aumentava il numero dei falsi ricordi su quanto visto durante la prova.

Così come concludono gli autori dello studio, bisogna tenere in considerazione le conclusioni raggiunte soprattutto al momento di ritenere come più affidabili gli anziani rispetto ai giovani, dato che questi ultimi nonostante possano concentrarsi su meno dettagli hanno anche comunque meno casi di falsi ricordi.

Bisogna tenere in considerazione che il numero di partecipanti è scarso per poter trarre conclusioni al riguardo, e allo stesso modo il confronto tra fasce di popolazione così estreme non permette di constatare se vi sia un progressivo aumento dei falsi ricordi man mano che diventiamo più grandi o se ciò è associato ai limiti percettivi e cognitivi associati all'età, per cui ci sarebbe bisogno di un nuovo gruppo di età intermedia tra i 30 e i 45 anni per verificarlo.

Allo stesso modo, tra le limitazioni dello studio ci sono gli stimoli impiegati, tipici dei laboratori di ricerca, che hanno poco a che fare con la realtà della strada, da qui il bisogno di nuovi studi per verificare se nell'ambito poliziesco si mantengono queste differenze tra giovani e anziani.

La bugia nella demenza

Se vi è una situazione particolarmente temuta dalle persone man mano che invecchiano questa è costituita dalla possibilità di soffire di demenza, sapendo che alla fine si arriva ad una perdità di identità e ad una totale dipendenza dagli altri per svolgere anche solo le funzioni più semplici.

Quando parliamo di demenza di solito lo facciamo riguardo alla malattia dell'Alzheimer, associandola con la perdita di memoria, ma questo non è né l'unico sintomo né il primo ad apparire. Già da alcuni anni si è scoperto che i cambi emotivi che a volte possono essere confusi con depressioni associate all'età sono i primi sintomi che sperimentano questi pazienti.

Successivamente quello della memoria si mostra come il problema più evidente, nonostante al paziente costi molto a volte riconoscere il suo problema, dovuto al fatto che va a "riempire" le lacune nella memoria formando "falsi ricordi" e storielle per dare una certa coerenza al suo discorso, e arrivando egli stesso a credere a ciò che dice.

Ciò non si deve confondere con la mitomania, dato che nei pazienti con Alzheimer non vi è l'intenzione di ingannare un'altra persona, stravolgendo e manipolando la realtà, perché semplicemente una persona non è capace di ricordarsi degli eventi e cerca di superare la sua situazione attraverso invenzioni che arriva a credere vere egli stesso.

Sono molti i fattori implicati nel peggioramento di questa infermità, in più bisogna tenere in considerazione che nella maggior parte dei casi si forma in persone di età avanzata, essendo considerata a partire dai 60 anni l'età media dell'inizio.

Ciò fa sì che si aggiungano molti altri fattori che

danneggiano la qualità della vita degli anziani, ad esempio si uniscono nel malato due condizioni, la riduzione delle capacità dovuta alla sua età avanzata che si riflette in un rallentamento cognitivo e motorio, e la perdita progressiva delle abilità, evidenziando le carenze nella memoria e colpendo altre funzioni, il che porta all'incapacità totale del paziente.

Ma nel gruppo delle demenze oltre all'Alzheimer vi sono la malattia di Pick e la demenza a corpi di Lewy nel gruppo denominato come demenze primarie. Vi sono comunque anche altre demenze denominate secondarie, i cui effetti sono conseguenza del soffrire di altre malattie, come problemi vascolari, ipotiroidismo, carenza di vitamina B6 o tumori.

Le indagini attuali sono solite centrarsi sulle cause dell'Alzheimer così come sui fattori che favoriscono la sua apparizione e avanzamento, per cercare di arrestare questa infermità neurodegenerativa che provoca una perdita progressiva delle abilità e delle capacità, il che porta una persona a perdere a poco a poco la sua indipendenza, avendo bisogno di altre persone per sempre più funzioni.

Ma oltre alla presenza dell'Alzheimer la diagnosi si può complicare con l'apparizione di altre patologie tanto fisiche relazionate con alterazioni cardiovascolari come psicologiche.

Tutto ciò non fa che complicare il trattamento, e nel frattempo il malato si sforza di mantenere una certa coerenza nel suo discorso, colmando con storie le lacune della sua memoria, facendo uso per questo di informazioni molto generiche o di eventi attuali ponendoli in momenti passati che non riesce a ricordare. E in tutto ciò non si prende in considerazione la bugia né che il malato possa cadere nella mitomania.

CAPITOLO 3. DIAGNOSI DELLA MITOMANIA

Sebbene la sua età di inizio possa essere precoce, per la diagnosi della mitomania o della dipendenza dal mentire è richiesta un'età minima di 18 anni, cioè quando si considera che la personalità di una persona si è formata e stabilita, essendo l'individuo pienamente cosciente delle sue azioni e delle conseguenze che queste comportano agli altri. Si evita così di confondersi con le storie infantili che non sono bugie in quanto non falsificano la realtà, dato che questa non è ancora formata e che il bambino la mescola con fatti immaginari.

Oltre all'età nella mitomania bisogna capire se esista una vera intenzione di ingannare e se queste bugie non siano una manifestazione di altri disturbi psicologici come il disturbo fittizio, in cui la bugia portata all'estremo arriva a trasformarsi nella realtà del paziente, o se queste siano una prova del deterioramento di alcune funzioni cognitive, come nel caso delle demenze, in cui il paziente, non consapevolmente, colma con "ricordi inventati" le sue lacune di memoria.

Bisogna tenere in considerazione che questo tipo di persone sviluppano in loro dei meccanismi di difesa davanti alla possibilità di essere scoperti per le loro bugie, con pensieri paranoici che portano queste persone a credere di essere sorvegliate o perseguitate.

Il paziente, invece di accettare che egli stesso stia inventando, quando altri lo mettono di fronte alla realtà con argomenti più o meno convincenti si sente attaccato e offeso, sviluppando così un certo livello di paranoia di fronte a chi desidera convincerlo della sua malattia.

Questo livello di paranoia, quando molto alto, fa sì che una persona accetti ogni volta di meno l'opinione degli altri, soprattutto quella dei familiari che desiderano "portargli via ciò che ha", "rovinargli la vita" o "chiuderlo in un centro psichiatrico".

Qualsiasi "scusa" è utile per il mitomane per non ricevere assistenza medica e ospedaliera quando in realtà ne avrebbe bisogno.

Il medico diventa presto un ulteriore elemento di questa paranoia dal momento che è "complice" dei suoi familiari o del suo partner, che praticamente lo hanno ingannato dicendo che lo avrebbero sottoposto a semplici analisi, quando in realtà queste servivano a fargli dire da uno specialista che lui è un bugiardo compulsivo.

La diagnosi quindi diventa un'arma temuta dal malato, che un familiare o un partner può utilizzare contro di lui e le sue bugie come un modo per rompere tutta la "magia" che egli si sforza di creare intorno a lui.

Una persona con la mitomania non solo non accetterà

la diagnosi e il trattamento che dovrà seguire ma penserà anche che il medico gli stia mentendo, così come fa proprio lui con il resto del mondo. Perché il medico dovrebbe essere diverso da lui?

Nella sua mente, senza rendersene conto, iniziano a nascere "motivazioni" per queste bugie, che poi si alimentano e si mantengono con pensieri paranoici, per cui in poco tempo il mitomane ha le "scuse perfette per non tornare in clinica", indipendentemente dalla diagnosi ricevuta e dal trattamento "prescritto per il suo caso".

Diagnosi differenziale:

Uno degli aspetti più difficili al momento di stabilire una diagnosi sulla mitomania è conoscere cosa c'è dietro le bugie, dal momento che esistono molte ragioni per cui una persona può continuamente mentire. Vediamo qui quali sono queste ragioni.

Le simulazioni

Una persona si "guadagna da vivere" con l'inganno e si dedica a ciò professionalmente. Questa persona è una simulatrice, infatti è totalmente cosciente della falsità delle sue parole e delle conseguenze che queste provocano, ma nonostante ciò inganna.

In questa categoria ci sarebbero tutte quelle professioni

e quei professionisti che usano e abusano della bugia come modo di guadagnarsi da vivere.

Tutto ciò senza essere motivati dalla notorietà o dall'ammirazione che si può suscitare negli altri, senza avere una bassa autostima, ma cercando il profitto personale o di raggiungere un determinato obiettivo.

La differenza principale con l'Alessitimia è che non vi sono le caratteristiche di personalità di un alessitimico né questa dipendenza dal mentire.

Una delle situazioni più difficili con cui si deve confrontare il sistema sanitario è quella dei "simulatori", persone che sprecano tempo e risorse senza che soffrano di nessun tipo di problema fisico, ricorrendo lo stesso a visite in clinica "inventando" o "simulando" sintomi che si trovano in realtà solo nella testa di quella persona.

A volte, per essere più credibili, queste persone possono arrivare a provocarsi lividi, ustioni o altri danni, con cui "autenticare" davanti al personale medico la loro infermità.

Il motivo che si può trovare dietro queste simulazioni può essere diverso, ad esempio sfuggire a un obbligo o ottenere un beneficio.

Al riguardo ricordo uno studio di qualche anno fa pubblicato su un giornale nazionale che affrontava la questione dei "professionisti della bugia" presentando un ranking, in cui al primo posto si trovava la professione del politico, come prototipo di persona che usava le mezze verità e la menzogna come modo di ottenere ciò che desiderava.

Al secondo posto c'era la professione dell'avvocato, che cerca di ottenere un vantaggio per il suo cliente servendosi di qualsiasi stratagemma legale a sua disposizione, tra cui appunto le mezze verità, per ottenere il suo scopo.

Al terzo posto, ed è per questo che questo articolo attirò la mia attenzione, si trovava la professione dello psicologo.

"Lo psicologo?", mi chiesi a quel tempo, sentendo che in quanto psicologo mi potessi sentire incluso tra quelli "indicati" come bugiardi, ma dovetti comunque riconoscere che il nostro ruolo è quello di aiutare le persone molte volte senza che queste ultime si rendano conto di quello che facciamo.

Per esempio, nel caso del trattamento della mitomania di cui si tratterà nei capitoli successivi, è necessario utilizzare "stratagemmi" per riuscire a portare il mitomane in clinica, perché quest'ultimo non verrebbe mai di sua iniziativa, e la terapia deve proseguire in un certo modo affinché il mitomane non si senta attaccato e smetta di venire in clinica.

Tutto ciò può essere considerato come un uso di mezze verità, così come succede nelle prefessioni appena viste, per riuscire però in questo caso a raggiungere gli obiettivi terapeutici evidenziati per aiutare il paziente con il suo problema.

La sindrome di Münchausen

Da questa categoria di simulatori dovrebbe essere estratto un caso denominato Sindrome di Münchausen, per cui una persona va continuamente in clinica con dei sintomi diffusi per ricevere attenzione medica, cosa denominata come beneficio secondario.

Ci sono sintomi reali "simulati" ma che sono autoprovocati dal paziente, ad esempio ingerendo medicinali o sostanze tossiche per avere febbre o vomito, o autolesionandosi per causare ematomi, ma in questa occasione una persona cerca di raggiungere in modo urgente lo "status" di infermo e con quello il suo ricovero in ospedale.

Il problema è che queste persone non hanno nulla di fisico, e che a volte il trattamento che viene stabilito per "curarle" le fa ammalare, dato che i medicinali "non combattono nulla".

Le continue visite in clinica negli ambulatori e nei centri sanitari possono provocare sospetti, da parte del personale sanitario, di trovarsi di fronte ad un paziente con la Sindrome di Münchausen, così che quando quest'ultimo viene "scoperto" e messo di fronte alla sua "bugia", "fugge" letteralmente da quel posto e va in un altro centro sanitario, in cui inizia lo stesso processo di ripetute visite in clinica.

All'interno di questa sindrome vi è un sottotipo denominato Sindrome di Münchausen per procura, per cui il paziente usa un'altra persona, normalmente un parente stretto (un figlio o una figlia), per "mantenerlo malato" affinché con ciò riceva l'attenzione medica necessaria, mentre il paziente con la Sindrome di Münchausen (di solito la madre) soddisfa sì il suo "bisogno di sentirsi malato" ma questa volta attraverso altro. Ma qual è l'origine di questa patologia così particolare?

Un documento formulato insieme dall'Istituto Pediatrico, dall'Università Cattolica Sacro Cuore e Servizio Pediatrico e dall'Università Campus Bio-medico (Italia), i cui risultati sono stati pubblicati sulla rivista scientifica Journal of Psychological Abnormalities in Children, affronta questa questione con uno dei loro pazienti.

In questo caso non si tratta di un'indagine ma di un documento su un caso unico, in cui si descrive il processo che ha portato una minore di 8 anni a diventare una paziente con Sindrome di Münchausen.

La bambina all'inizio del servizio pediatrico era colpita da una debolezza simmetrica progressiva con deterioramento della deambulazione, ma non erano presenti casi simili nella storia clinica della bambina che potessero spiegare ciò.

Dopo molte prove motorie e radiologiche non si trovò nulla che potesse spiegare i sintomi di ciò per cui la bambina si lamentava.

Alcune sessioni di psicoterapia mostrarono miglioramenti "sorprendenti" nella bambina che riuscì a riprendersi del tutto, cosa che la madre della bambina rifiutò completamente, decidendo così di "portarla via" dal centro sanitario in cui era assistita.

Nei due anni seguenti si svolse il monitoraggio dei ricoveri ospedalieri della bambina e si osservò come si recasse presso altri centri con lo stesso problema di salute, e dopo un po' di tempo senza "trovare soluzione" se ne andava e iniziava con un nuovo disturbo, in questo caso un disturbo di cecità, oltre ad aver ricevuto nel frattempo numerosi ricoveri per dolori addominali ricorrenti e cefalea.

Lo studio parla infine della necessità di un'informazione "regolare" tra i centri medici che permetta di rilevare questi pazienti, dato che a volte questi si sottomettono a prove e trattamenti non necessari mettendo così a rischio la loro salute.

Gli autori affermano che possa esserci stato un "trasferimento" dalla Sindrome di Münchausen alla

Sindrome di Münchausen per procura da parte della madre, ma la "fuga" della bambina prima di poter realizzare le prove psicologiche necessarie hanno impedito di poter concludere qualcosa al riguardo.

Lo studio, nonostante sia un caso unico, pone l'attenzione su una realtà da tenere in considerazione, cioè su uno dei casi più difficili da diagnosticare e ovviamente da trattare, dato che il paziente che soffre della Sindrome di Münchausen o della Sindrome di Münchausen per procura, come in questo caso, non solo non collabora, ma in più "fugge" letteralmente dalla clinica.

Le cospirazioni

Queste particolari bugie non cercano tanto di ingannare un'altra persona ma piuttosto di "nascondere" le lacune della propria memoria, dato che si è incapaci di sapere ciò che è successo in una determinata data o luogo, ma non si desidera lasciare allo scoperto la propria "dimenticanza" per cui ci si inventa una risposta non sempre molto elaborata ma che serve per "cavarsela".

Così come è stato detto nel paragrafo precedente, si possono osservare queste cospirazioni nelle persone più grandi, a causa della loro età avanzata e per malattie neurodegenerative avanzate come l'Alzheimer.

Allo stesso modo sono diffuse in persone che soffrono le conseguenze di un cosumo prolungato di alcool, come nel caso della sindrome di Korsakoff.

È relativamente facile scoprire quando una persona sta cospirando, dato che queste "bugie" non sono molto elaborate perché si usa sempre la stessa bugia per colmare lacune nella memoria, se questa bugia è stata già utile una volta.

Allo stesso modo, le "bugie" possono anche essere cambiate, così una lacuna nella memoria può essere "riempita" oggi con una "bugia" e, passata una settimana, "riempita" con un'altra differente, dato che l'intenzione della persona che la dice non è tanto di mantenere la "bugia" nel corso del tempo ma di "colmare" questi spazi vuoti della sua vita per dare a quest'ultima una certa coerenza e continuità.

Il disturbo limite della personalità

Qui la principale sintomatologia non è la bugia ma le "limitazioni" delle capacità cognitive mostrate dal paziente.

La bugia, in questo tipo di persone, si esprime attraverso una personalità "debole", con dubbi costanti riguardo alla propria identità e con mancanza di controllo degli impulsi.

Oltre alle lamentele di tipo somatico, il paziente si

presenta con tutto un elenco di caratteristiche della personalità e dell'impulsività che permettono di stabilire una diagnosi differenziale al riguardo.

Così anche il contenuto della bugia è differente, essendo le storie inventate meno elaborate e complicate di quelle che può raccontare il mitomane.

Il disturbo bipolare

Questo disturbo è definito come quello in cui vi è una situazione di episodi maniacali, a volte seguiti oppure no da episodi depressivi.

Negli episodi maniacali si produce un'alterazione dell'umore, con un innalzamento di quest'ultimo, arrivando fino all'euforia, uno stato mentale "chiaro e limpido" con un certo livello di iperattività tanto fisica come mentale.

All'interno di questa reazione eccessiva di una persona vi sono anche la tendenza a fantasticare e ad avere idee magniloquenti e grandi progetti che salveranno il mondo, che cambieranno il modo di fare le cose o che semplicemente le permetterà di diventare milionaria in poco tempo.

Nel senso più stretto non si tratta di un mitomane ma di una conseguenza di un disturbo dello stato d'animo che fa sì che il cervello del malato, e soprattutto la sua visione di sé stesso e degli altri, sia alterata.

Il malato non cerca di ingannare gli altri per ottenere qualcosa da loro, ma si trova in un processo di euforia interna che si esprime attraverso una alterazione del senso della realtà e delle possibilità e delle limitazioni proprie e dei propri pensieri.

Sebbene a entrambi possano venire in mente idee e progetti che gli altri non arrivano a comprendere o condividere, la differenza è che la persona che soffre di un disturbo bipolare lo fa in senso stretto perché "ora ci vede chiaro", mentre il mitomane è qualcuno che costruisce a poco a poco, bugia su bugia, fino ad arrivare alla grande menzogna in cui vive.

Il paziente bipolare, inoltre, cambia spesso riguardo alla tematica della sua menzogna, cioè da episodio a episodio cambia sempre.

Invece il mitomane perfeziona la sua menzogna, rendendola più ricca di dettagli, dato che una persona si allieta all'interno di questa realtà inventata.

La persona che soffre di disturbo bipolare ha momenti in cui non soffre di questi episodi, in cui si rende conto e riconosce l'assurdità delle sue idee e progetti, dato che questi sono stati fomentati e alimentati dal suo disturbo.

Il mitomane invece non arriva mai a rendersi conto e ad essere cosciente del fatto che tutto ciò che sta vivendo lo vive attraverso l'ottica distorta dell'autoinganno e che questa menzogna ha iniziato a poco a poco ad estendersi a tutti gli aspetti della sua vita.

Nel caso del disturbo bipolare i sintomi di pensieri magniloquenti cessano quando una persona viene regolata con una medicazione adeguata.

Per il mitomane, nel caso in cui gli vengano prescritti medicinali, questi non sono sufficienti per porre un freno alle sue bugie, dato che egli ha bisogno di un lungo processo di lavoro con lo psicologo o psichiatra con cui occuparsi dei propri pensieri e idee, per arrivare a comprendere le bugie e per rendersi conto a poco a poco della realtà delle situazioni intorno a lui.

Realtà dalla quale in molti casi scappa, perché questa gli può sembrare noiosa, insulsa e per niente straordinaria, o perché la situazione in cui si trova è talmente insopportabile che preferisce continuare a vivere nella menzogna, rifugio da tutto ciò che lo tormenta e che non può sopportare.

Una persona che sta soffrendo di un episodio maniacale ha pensieri non aderenti alla realtà, relativi al successo personale o al sopravvalutare le proprie capacità e possibilità. Ma in questi momenti questa persona crede davvero che questi pensieri siano veri, senza comunque nessuna intenzione di ingannare gli altri.

Così una persona, quando si riprende e ritorna ad una

fase stabile, è capace di riconoscere che quei grandi piani non si fondavano su nessuna realtà ma semplicemente su un desiderio di poter ottenere qualcosa in un preciso momento e senza sforzo.

Il disturbo antisociale di personalità

Qui la bugia reiterata gioca un ruolo importante come parte di un comportamento evidentemente antisociale, dato che queste persone smettono di seguire le norme sociali.

A differenza del mitomane, il paziente con questo disturbo possiede un'autostima alterata, una scarsa empatia con gli altri e una mancanza di rimorso per le sue azioni.

È relativamente facile stabilire questa diagnosi differenziale, per il fatto che la persona che soffre del disturbo antisociale mostra una serie di comportamenti che lo "tradiscono", in cui è evidente la sua mancanza di rispetto delle autorità e delle norme sociali, tra cui quella del non mentire.

Quindi non si tratta tanto di uno scopo, usando la menzogna per ottenere qualcosa, ma di un modo ulteriore per andare contro la società in cui ci si trova a vivere.

La Sindrome di Ganser

In questa sindrome le bugie ci sono ma sono talmente "rare" che difficilmente finiscono col compiere la loro funzione di ingannare l'altro, dato che una persona fornisce risposte chiaramente errate, eclatanti e molte volte senza senso.

Qui la bugia in quanto tale non esiste, quindi le risposte non ottengono nessun effetto di inganno sull'altro, perché si hanno risposte inadeguate, esagerate, distorte e in tutti i casi poco credibili.

È facile che si possa scambiare queste persone per malati di altre psicopatologie, ma poiché non mostrano altri sintomi, come quelli psicotici, si devono scartare diagnosi alternative.

Una volta verificata la presenza dei sintomi descritti, tra cui il principale è la menzogna reiterata, e scartate le sindromi e i disturbi precedenti in cui vi è la presenza della bugia anche se per altri motivi, lo specialista può stabilire la diagnosi della mitomania, con cui iniziare il trattamento opportuno per cercare una "cura" per il paziente.

Che fare con un fidanzato mitomane?

Una volta capito che significa essere un bugiardo compulsivo, bisogna cercare di capire come ciò va a colpire le relazioni sociali, in particolare quelle di coppia.

Se una famiglia ha imparato già da anni a capire che

di quella persona non ci si può fidare e che la "sua parola" non serve che a sé stesso/stessa, questo deve invece imparare a capirlo anche quella persona che desidera condividere la sua vita con il mitomane. Bisogna tenere in considerazione che i mitomani possono risultare estremamente attraenti soprattutto per i loro discorsi.

Infatti, invece di sembrare una persona "noiosa", questa persona sembra avere una vita fuori dal comune, con ambizioni importanti, ma soprattutto con segreti che a poco a poco vanno a indebolire la nuova coppia.

Non che in precedenza si fosse avvertito qualcosa di questo lato occulto e misterioso, ma comunque il mitomane improvvisava con le sue bugie a seconda se "affascinava" o no il suo interlocutore.

Ma il problema delle bugie, soprattutto di quelle improvvisate, è che non si mantengono con il tempo, soprattutto se si sta per un po' vicino ad una persona che soffre di mitomania e si arriva a conoscerla abbastanza bene da sapere che vengono a crearsi piccole contraddizioni nelle storie che racconta, rimandando sempre questa persona "le prove" che ciò che dice sia vero e non vedendo mai le prove di ciò che si presume.

Una vita segreta, un passato inconfessabile, e in più una doppia vita sono alcuni dei mezzi di queste persone, utilizzati per arrivare ad avere un falso controllo della situazione.

Quindi in definitiva questo è ciò che va cercando questo tipo di persone, cioè controllare ciò che pensano e sentono gli altri, per assicurarsi così che facciano ciò che loro richiedono.

A un livello più basso si tratta unicamente di scappare da un obbligo o di far fare ad altri una cosa assegnata invece a loro, e queste sono note come persone manipolatrici, e a questo scopo possono essere impiegati diversi mezzi.

A un livello più estremo questa persona sembra vivere in un mondo tutto suo e solo a lei succedono cose degne di essere raccontate, e solo quelli che non la conoscono arrivano a crederle. Ma il mitomane è talmente pervaso dalla sua menzogna che arriva a crederla vera egli stesso, conducendo così una doppia vita.

Senza dimenticare gli aspetti emotivi che uniscono due persone che desiderano convivere, mantenere una relazione duratura con il proprio partner in queste situazioni è molto difficile, soprattutto se la coppia non è consapevole del fatto che si tratti di una malattia che deve ricevere un trattamento specializzato per essere superata.

Malattia, perché è dovuta ad un circolo vizioso in cui cade una persona, così come succede con altre dipendenze e perché si può trattare e riuscire a curare, ma la cosa più difficile è che sia il malato a riconoscere la sua situazione, dato che queste bugie danno un certo senso alla sua vita e mantengono in modo illusorio un'alta autostima, credendosi più importanti di quanto si è in realtà per condurre una vita differente da quella degli altri.

Così un cassiere di un supermercato può pensare che lui sta facendo parte di una grande società e che in qualsiasi momento può presentarsi il capo dell'impresa per stringergli la mano e dirgli che il suo lavoro è imprescindibile, e tutto perché ha visto il programma "Il capo" in cui è successo questo ad altre persone.

Così come mostrato nell'esempio precedente, non si tratta molte volte di bugie molto complicate, ma di attribuirsi da soli situazioni ed esperienze che non corrispondono alla propria persona.

Bisogna tenere in considerazione il fatto che mantenere una relazione in questo tipo di coppia è una delle cose più difficili, nonostante all'inizio tutto possa sembrare perfetto. Le scuse arrivano subito, le contraddizioni, e in più i cambi di umore, quando questi sono messi in evidenza e messi di fronte alla verità, con frasi come "Non mi dicesti ieri che...", "Non eravamo d'accordo che...".

La persona che viene scoperta si giustifica di solito con una nuova bugia o sentendosi offesa rilasciando frasi come "Quindi non mi credi?" o "Una relazione si basa sulla fiducia, dovresti fidarti di più di me...".

Si fa tutto tranne accettare che si ha un problema, che probabilmente è presente da molti anni e da cui non si sa come uscire.

La nuova coppia, in appena poche settimane o mesi da cui è iniziata la relazione, deve porsi "la grande domanda" e cioè "Lo lascio?", dato che una persona ha la certezza di non potersi fidare della persona con cui esce, dato che quest'ultima ha dimostrato ciò giorno dopo giorno.

Se una persona desidera costruire una relazione basata sulla fiducia reciproca e sulla verità questa non sarà il partner ideale del mitomane. Invece se una persona è in cerca di ciò che il mitomane può offrire, cioè una vita differente, piena di "fantasie", in cui si vedono sempre grandi possibilità sebbene queste non arrivino mai, allora la convivenza può continuare.

Le coppie che restano insieme a lungo termine ovviamente non sono supportate dalla verità ma da altri "benefici" che può offrire il mitomane, come stabilità economica, sicurezza emotiva o semplicemente "una vita differente".

Non si arriverà mai però ad un grande livello di fiducia tra di loro, perché l'uno dice così tante bugie che non sa più quale sia la verità, mentre l'altra perché sa che il partner è un mitomane e che non cambierà.

Il caso più estremo di convivenza con la menzogna è il disturbo psicotico condiviso, in cui due o più persone, isolate dal mondo esterno, arrivano a credere alle bugie che uno di loro dice.

Così, nella capanna di un campo, entrambi possono arrivare a credere che fuori ci sia stata una guerra nucleare e che loro due sono gli unici sopravvissuti, o a qualsiasi altra fantasia che al mitomane venga in mente.

L'altra persona con la quale convive, non avendo un elemento di paragone per verificare se la storia che sta ascoltando sia reale o no, alla fine arriva ad accettarla come vera, dato che è l'unica informazione che ha ricevuto dall'esterno.

In questo caso il mitomane fa sì che l'altra persona viva nella sua menzogna in un mondo condiviso, menzogna che modella e cambia di continuo a seconda delle circostanze.

Che fare con una coppia mitomane?

Uno dei grandi problemi della menzogna è che avvelena tutta la convivenza, dato che fa crollare una qualsiasi fiducia che si possa avere nell'altra persona, sia che provenga questa da un familiare, da un amico o dal partner.

Il non sapere cosa è vero e cosa no fa sì che si arrivi a dubitare su tutto ciò che è stato detto in un qualsiasi momento passato, incluso il "ti amo", se si tratta di una coppia.

Non si tratta di avere sospetti di infedeltà ma di sapere che qualsiasi cosa venga detta potrebbe essere falsa, anche nel caso non si tratti di una cosa importante.

Ciò genera nella persona con la quale si convive un sentimento di vulnerabilità e di sfiducia, la prima per non sapere che fare per far cambiare il partner nonostante le molte opportunità concesse, e la seconda perché in realtà non sa chi è la persona che si trova davanti e soprattutto se iniziare a discutere oppure no sulla prosecuzione della convivenza.

Quando si tratta di un familiare questo con il tempo si allontana o, semplicemente non ascoltandolo, non gli fa caso.

Nel caso della coppia, dopo aver cercato a lungo di cambiare il partner, lo si finisce con l'abbandonare. Ma che succede quando si hanno dei figli?

Da una parte un partner non desidera separarsi da loro, ma sa che alla fine il mitomane può diventare un "cattivo esempio" e che ciò che questi possono apprendere non è precisamente ciò che li potrà far diventare persone importanti in futuro.

Inoltre non sapendo perché ciò si verifica non sa se è "contagioso" e quindi teme che i suoi figli possano finire anche loro con l'essere dei bugiardi compulsivi. Una cosa che nessuno desidererebbe per i propri figli, anche a causa del dolore che ciò provoca a tutte le persone che gli stanno intorno.

Così la cosa più comune è trovare "scuse" per la separazione, soprattutto quando cominciano a verificarsi i primi casi di "bugie spudorate" nei figli più piccoli, segno innegabile che si devono iniziare a prendere dei provvedimenti.

CAPITOLO 4. TRATTAMENTO DELLA MITOMANIA

Prima di affrontare questo capitolo sul trattamento della mitomania vorrei condividere una riflessione. Non tutti i miei colleghi, professionisti della salute mentale, considerano possibile il trattamento del mitomane, dato che il paziente ha costruito intorno a ciò la sua realtà, integrando la menzogna nella sua personalità.

È di certo molto difficile che un paziente venga in clinica chiedendo di risolvere il suo problema di bugiardo patologico, e bisogna riconoscere che si tratta di una grande sfida terapeutica riuscire a cambiare la personalità di un individuo affinché questo abbandoni questa dipendenza comportamentale.

Nonostante quanto detto prima, non si può gettare la spugna prima del tempo. Come professionisti della psicologia dobbiamo cercare di compiere il nostro maggiore sforzo per il paziente. E infine, se non ci sentiamo preparati o in forze per affrontare questo problema, dobbiamo passarlo ad un altro professionista specializzato in questa materia.

Bisogna riconoscere che alcuni colleghi, quando parlano della loro esperienza terapeutica con i mitomani, non parlano di un'esperienza amara, piena di frustrazioni e scarsi risultati.

La prima difficoltà che nasce nel condurre il trattamento della mitomania o dell'impulso di mentire compulsivamente consiste nel fatto che il paziente è riluttante a chiedere un aiuto professionale per risolvere il suo problema, e inventerà qualsiasi scusa per ritardare il ritorno in clinica, dato che una delle sue paure è quella di essere scoperto e che si sappia della sua condotta, date le sue idee paranoiche.

È per quello che le prime visite in clinica dal professionista sono solite realizzarsi senza il paziente da parte dei familiari, per ricevere un orientamento su come comportarsi con il mitomane. I genitori infatti, quando vedono che il loro bambino si affida spesso alla menzogna, si preoccupano soprattutto del fatto che questo comportamento possa diventare abituale.

Per i genitori una cosa che indichi che tutto va bene è il buon ambiente familiare che si è stabilito, mentre se questo si deteriora o si rovina è necessario intervenire.

Una delle visite più ricorrenti dei genitori dal consulente scolastico o dallo psicologo è quando si ha un figlio piccolo o in età adolescenziale che comincia a mentire talmente tanto da rendere difficile la convivenza.

I genitori a volte hanno permesso piccole bugie senza prestare loro l'attenzione necessaria e senza correggerle, dal momento che si aveva a che fare con un bambino che mentiva agli altri senza grandi conseguenze, e tutto ciò lo hanno accettato in silenzio, sperando che con il tempo il bambino ci avesse ripensato e avesse migliorato il suo comportamento.

Ma si è lontani dal migliorare quando un bambino ha optato per un comportamento dannoso come quello della menzogna reiterata, cosa che va a diventare una parte di lui.

Questo comportamento disadattivo non solo va a danneggiare la relazione con i genitori ma anche con il resto dei compagni di classe e ovviamente si va a riflettere su un crollo drastico del rendimento accademico, anche ad esempio a causa delle continue assenze in classe e per l'abbandono scolastico, il tutto "giustificato" dal bambino con diverse storie ogni volta più "credibili".

Ciò è fonte di stress all'interno del nucleo familiare dato che, se già è difficile crescere un figlio adolescente a causa dei suoi cambi di umore provocati anche dalla "tempesta ormonale" di cui soffre tipica dell'età dello sviluppo, in più ci si deve confrontare con un problema ulteriore. Ma c'è una soluzione per questi comportamenti inadeguati e disadattivi dei giovani?

Questa è la questione a cui cercano insieme di dare una risposta il Dipartimento di Assistenza e Salute Infantile, la

Divisione di Innovazione della Salute e dell'Infermieristica, la Facoltà di Medicina, il Dipartimento di Pediatria dello Sviluppo Comportamentale, l'Istituto di Scienze della Disabilità, la Facoltà di Scienze della Comprensione Umana e l'Università di Tsukuba, insieme con il Dipartimento di Infermieristica, l'Università Internazionale di Tsukuba, il Dipartimento di Pediatria e l'Ospedale Infantile di Disabili di Ibaraki (Giappone), i cui risultati sono stati pubblicati sulla rivista scientifica Journal of Psychological Abnormalities in Children.

Gli autori dello studio hanno testato una tecnica che è nata sul finire degli anni 90 e che si è mostrata molto efficace per un altro tipo di intervento sui giovani, denominata della tripla P, che fa riferimento al Programma Parentale Positivo.

Con l'intervento della tripla P si modifica la forma di interazione della famiglia, cambiandola con un'altra basata sui principi dell'apprendimento sociale, in cui si modificano le capacità e le conoscenze dei genitori con l'obiettivo di ridurre i problemi emotivi e di comportamento dei più giovani.

Lo studio è stato svolto con 54 partecipanti con figli tra i 2 e i 12 anni che mostravano problemi di comportamento, e che erano stati in clinica in ospedale.

Le madri di questi bambini sono state addestrate con

la tripla P, seguendo le cinque fasi della tecnica.

Sono state attuate sei misure, e cioè sul comportamento del bambino, sullo stile genitoriale, sui livelli di stress-depressione della famiglia, sul livello di conflittualità familiare, sulla soddisfazione e sui dati demografici, tutte portate avanti in tre momenti differenti, uno precedente all'intervento, una dopo tre mesi, e l'ultima dopo sei mesi, per valutare la stabilità nel tempo degli effetti del trattamento.

I risultati mostrano un miglioramento significativo nell'ambito emotivo e nel comportamento dei bambini, il che si è tradotto in una riduzione del livello di stress-depressione percepito nella famiglia dovuta ad una riduzione della conflittualità familiare.

Ma la cosa più importante dello studio è che questi risultati positivi si mantengono anche dopo sei mesi di intervento, per cui si possono considerare cambiamenti stabili nel tempo.

Tra le limitazioni dello studio vi è il basso numero di partecipanti, così come l'assenza di un gruppo di controllo per la comparazione. Allo stesso modo, l'aver realizzato l'intervento della Tripla P esclusivamente sulle madri non permette di estrapolare i risultati da tutti i casi e nemmeno dalle famiglie monoparentali.

Nonostante quanto detto prima, è evidente che la

problematica dei bambini e degli adolescenti deve essere contemplata e trattata a partire dal proprio nucleo familiare con la pratica e con la supervisione di uno specialista che garantisca il successo del trattamento.

Ma se sono i genitori quelli che portano in clinica il bambino per aver fatto caso alle sue continue bugie, quando quest'ultimo diventerà adulto sarà difficile che qualcuno lo convinca a ritornare a vedere uno specialista per la sua mitomania.

Non si tratta tanto di chiedersi se esista un'età fino alla quale il trattamento per correggere i problemi associati alla bugia patologica possa funzionare, però è sicuro che se si inizia subito questo trattamento le possibilità di successo saranno maggiori e ciò per due motivi, primo perché quanto più è giovane il paziente tanto più si lascerà aiutare confidando nelle abilità e nelle capacità dello specialista, e secondo a mano a mano che una persona acquisisce esperienza con la bugia, i cui benefici vanno a modificare la sua personalità, diventando un'abitudine e un suo modo tipico di comportarsi, quest'ultima finirà a poco a poco col credere alle sue proprie bugie, entrando in un mondo di irrealtà, lontano dalla vita quotidiana di quelli che lo conoscono, il che fa sì che si vada ad allontanare dalle persone care, i familiari e gli amici, restando unicamente con persone "note" che lo ammirano per le sue bugie, che ogni volta sono sempre più elaborate e ricercate.

Se alla fine va in clinica, bisogna assicurarsi che il mitomane sia disposto a lavorare al suo recupero e che non lo stia facendo solo "per accontentare" la famiglia o il partner, perché in questo secondo caso tutto l'intervento sarebbe inutile.

Una volta raggiunto il compromesso del mitomane per migliorare si potranno applicare alcune delle seguenti tecniche orientate o fornire strumenti con cui evitare di utilizzare la bugia come risposta più abituale.

In seguito trascrivo parte dell'intervista fatta a D. Bernardo Ruiz Victoria, direttore del programma Victoria, che ci introduce al difficile mondo del trattamento delle dipendenze:

- A partire da che età si può diagnosticare una dipendenza?

Nella mia esperienza ho incontrato casi di dipendenza dall'alcool e da altre sostanze, a partire dai 15 anni, sebbene bisogni sempre valutare i casi individualmente per trarre delle conclusioni.

- Che conseguenze hanno le dipendenze?

La principale conseguenza della dipendenza, indipendentemente dalla sostanza, è la perdita progressiva della libertà del soggetto. La persona dipendente si rende conto di come ogni volta le costi sempre più fatica controllare il proprio comportamento, il che crea in lei sentimenti contraddittori, di colpevolezza o di impotenza. Una lotta interiore che è una fonte costante di ansia e di sofferenza.

Altre conseguenze sono il progressivo deterioramento della vita familiare, del rendimento lavorativo, l'isolamento sociale, disturbi dell'ansia o depressione, comportamento violento e così via.

In sintesi, la dipendenza nuoce in modo progressivo alla salute, al benessere interiore, alla vita sociale e familiare, al rendimento lavorativo e, in definitiva, rende la persona che ne soffre e quelle che la circondano profondamente infelici.

- Quali sono le principali difficoltà nell'abbandonare le dipendenze?

La difficoltà più grande consiste nel riconoscere sé stessi come vittime della dipendenza.

Il processo di dipendenza si basa su due pilastri fondamentali: la bugia e la superbia.

La bugia comincia nel momento in cui il soggetto dipendente attribuisce i suoi problemi ad altre cause. Una persona tende a pensare che non sia l'alcool ciò che sta danneggiando la sua vita ma che le cose le vanno male per un altro motivo.

Una persona si lascia ingannare dai messaggi ambigui ed equivoci che si possono trovare sui mezzi di comunicazione o nella società in generale, per esempio che bere alcool moderatamente è buono per la salute. Da qui si trae l'errata conclusione che si beva sempre moderatamente – "Io bevo come tutto il resto del mondo, in modo normale" – e costa molto riconoscersi come un alcolista, tanto meno come dipendente.

Un'altra bugia, o piuttosto autoinganno, consiste nel dire a sé stessi alcune cose come "posso smettere quando voglio", "io non sono un alcolizzato" oppure "io ho il controllo". Dato che si conoscono sempre persone che, apparentemente, bevono di più o che soffrono di effetti e conseguenze peggiori, l'autoinganno conduce all'autogiustificazione, ad esempio "Io non sono come tizio" e quindi "posso continuare a bere o consumare droghe" perché "io so controllarmi". E chi più ne ha più ne metta.

Arriva anche un momento in cui la bugia porta il soggetto a cercare di ingannare gli altri, fingendo di bere o di consumare meno di quanto si faccia in realtà. Lo può direttamente negare quando gli viene chiesto, oppure minimizzare la cosa dicendo, per esempio, "ne ho presa solo una", o sostenere che si sente benissimo, che va bene al lavoro, o ricorrere ad una qualsiasi altra giustificazione.

Altre volte il soggetto "passa alla clandestinità", cioè inizia a bere o a consumare sostanze di nascosto, da solo, o in luoghi diversi da quelli che frequenta nella sua vita sociale "normale", con l'illusione di riuscire in questo modo a ingannare le persone che lo conoscono e che, probabilmente, hanno iniziato a preoccuparsi per lui e a volte a rimproverare il suo comportamento.

Tutti questi comportamenti, conseguenza della menzogna e dell'autoinganno, hanno come risultato il peggioramento della dipendenza di una persona.

In quanto alla superbia, questa si manifesta nei pensieri che ha il soggetto dipendente in relazione alla sua capacità di controllare o superare la sua dipendenza senza bisogna di nessuno.

Quando è evidente che il problema esiste, di fronte alla famiglia per esempio la persona dipendente tende a credere e ad affermare che è solo una questione di forza di volontà e determinazione personale e che, se glielo si chiede, smetterà di bere o di consumare droghe per sé stesso. Da qui vengono le promesse che non vengono poi in realtà mantenute, portando di nuovo alla bugia e all'autoinganno. E così di nuovo da capo.

Tanto la bugia come la superbia rendono più difficile il

superamento da parte del paziente di alcune fasi fondamentali per affrontare il problema:

1. Riconoscere che esiste una dipendenza;

2. Accettare che è necessaria una terapia per superarla.

Una volta compresa la difficoltà del trattamento e facendo affidamento sul compromesso del mitomane, lo specialista pianifica un piano di intervento basato su queste tecniche:

- Terapie cognitive: spingono il paziente a rilevare i pensieri che lo portano ad alterare la realtà. Questi pensieri possono essere ad esempio "Io non sono in grado", "Non mi vogliono così", "Che ho mai fatto di buono nella vita?".

Questi pensieri sono in linea con la sua bassa autostima, dato che egli utilizza modelli di comparazione molto al di sopra delle sue possibilità.

Per quello bisogna lavorare sul rafforzamento dei suoi livelli di autostima, insistendo su ciò che si è riuscito ad ottenere nella vita e su tutti quei piccoli obiettivi raggiunti dando a questi un valore adeguato.

Si lavorerà anche affinché i suoi modelli di successo siano più realisti e vicini e non tanto idealizzati, per far sì che questi lo spingano a sforzarsi maggiormente per raggiungerli e che non lo facciano sentire inferiore.

Approfondendo questa tecnica si rafforzeranno i

pensieri positivi, facendo sì che il paziente si ripeta nella sua testa, quando si trova in una qualsiasi situazione sociale, frasi come "io valgo come gli altri", "se mi amano sarà per ciò che sono", "posso migliorare ma ora sto bene".

- Tecniche di comunicazione: sono tra i primi e più urgenti interventi per garantire al paziente gli strumenti appropriati per lo sviluppo delle abilità sociali perse.

Tramite queste tecniche si cerca di stabilire una comunicazione efficace con la quale il mitomane possa esprimere i suoi desideri e le sue necessità, oltre ad accettare ciò che pensa un'altra persona di lui, senza la necessità di cercare un assenso.

Allo stesso modo gli si insegnerà a saper accettare le critiche e il rifiuto senza che questi vengano considerati come un attacco o un'offesa contro la sua persona, salvaguardando in questo modo la sua autostima.

- Tecniche di modificazione del comportamento: spingono il paziente a riconoscere in che situazioni si produce la bugia, a identificarne i segni e a stabilire meccanismi per risolvere la situazione senza la necessità di mentire, per esempio andandosene da un determinato luogo o cambiando argomento. Si rinforzano così quei comportamenti che cercano di ridurre i livelli di ansia nelle interazioni sociali e di evitare la bugia.

- Psicofarmaci: sebbene il loro uso non sia ancora molto esteso per questi casi, è possibile che il mitomane richieda di essere curato con una loro prescrizione facoltativa per curare dei sintomi di altri disturbi che potrebbero presentarsi contemporaneamente.

Tutti questi strumenti terapeutici vengono impiegati adeguandoli ai progressi e ai miglioramenti del paziente e cercando di aumentare la sua autostima, dato che lo si allena nelle abilità sociali per comunicare senza necessità di mentire e lo si "sanziona" per ogni bugia che dice in clinica.

Come succede anche per altre dipendenze una famiglia più vicina è indispensabile per il trattamento di questa psicopatologia, primo perché questa deve restare con un paziente più tempo possibile ed evitare che quest'ultimo menta, e secondo perché ciò si può fare solo con qualcuno che conosce bene il paziente, come un familiare.

Nonostante quanto detto in precedenza recupero quanto indicato all'inizio di questo punto, cioè che ci sono molti colleghi che a causa della loro esperienza frustrante nel cercare di curare in modo efficace questo tipo di pazienti ritengono che questi ultimi siano "incurabili", non perché le tecniche non abbiano effetto o non siano efficaci ma perché non si raggiunge un vero compromesso da parte del mitomane per abbandonare le sue cattive abitudini, "ricadendo" nella bugia appena arrivi la prima occasione in cui egli non sia controllato.

CAPITOLO 5. CONSIGLI PER PREVENIRE LA MITOMANIA

Prima di arrivare al trattamento di questa dipendenza, sarebbe opportuno avere dei meccanismi per prevenirla e per questo è importante sapere come quest'ultima nasca.

Se si è osservato che questo comportamento può apparire in un'età molto precoce, la dipendenza in quanto tale è qualcosa che si va a costruire con l'esperienza, cioè col mentire, e col vedere che ciò non è seguito da conseguenze negative ma piuttosto dal contrario, "facendo sorridere" e suscitando l'ammirazione degli altri.

I genitori sono i primi che devono rendersi conto di un qualsiasi comportamento simile, vedendo come il bambino inizi a mentire facilmente piuttosto che assumersi le sue responsabilità per evitare una punizione o come inizi a mentire in situazioni in cui non ha niente "da guadagnare o da perdere".

La bugia è una cosa che si apprende per esperienza ma anche per osservazione, e anche in questo caso la famiglia è il primo nucleo sociale in cui il bambino impara a comportarsi in un certo modo, e se il bambino vede mezze verità, menzogne o occultamento della verità da parte degli adulti imparerà che ciò non è tanto sbagliato, dal momento che lo fanno i "più grandi".

Quindi il ruolo dei genitori è doppio, perché il primo è quello di dare il "buon esempio" riguardo al non mentire davanti ai bambini, e il secondo è quello di essere i primi a rendersi conto di quando il bambino mente, portandolo da uno specialista che diagnostichi il suo caso per vedere se effettivamente sta iniziando ad avere un problema per porre a quest'ultimo rimedio prima che diventi una vera e propria dipendenza dal mentire.

Nonostante quanto detto prima uno dei problemi del comportamento dipendente è scoprire a cosa questo sia dovuto o perché colpisca una determinata persona e non altre.

Quelle persone che soffrono di dipendenza sono solite avere una bassa tolleranza alla frustrazione e desiderano ottenere subito una ricompensa per quello che hanno fatto, quindi hanno una scarsa perseveranza nei compiti che devono svolgere, soprattutto se questi comportano uno sforzo o un tempo continuato.

Questi atteggiamenti si sono riscontrati tanto nella mitomania come in altre dipendenze, con il malato che cerca di "soddisfare" la sua dipendenza facendo ciò che considera piacevole purché si possa.

Da qui la gravità della dipendenza, non solo per il consumo di qualche sostanza più o meno tossica per l'organismo o per compiere un'azione di continuo, ma anche per il portare a conseguenze dal punto di vista personale, economico e sociale a causa della sua ripetizione.

Il mentire occasionalmente può non portare a conseguenze più gravi, ma se si inizia a mentire di continuo si può affermare che una persona stia avendo a che fare con una dipendenza.

Si è discusso molto sull'analizzare le caratteristiche personali di coloro che soffrono di una dipendenza, in modo da poterlo prevenire. Infatti se esistesse un profilo definito delle persone che alla fine diventeranno mitomani si potrebbero mettere in atto piani per cercare di rafforzare le abilità sociali e personali per non finire coinvolti in questi comportamenti di dipendenza.

Ma nonostante i progressi riguardo al trattamento poco si è scoperto riguardo alla prevenzione. Che meccanismi sono coinvolti nel comportamento di dipendenza?

Questo è ciò che cercano di scoprire il Cyclotron Research Centre e il Dipartimento di Neurologia, il C.H.U. Sart-Tilman e l'università di Liegi (Belgio), insieme al Dipartimento di Neuroscienza, al Centro Svizzero di Scienze dell'Affetto, e all'Università di Ginevra (Svizzera), i cui risultati sono stati pubblicati sulla rivista scientifica Plos ONE.

Gli autori di questo studio si sono concentrati su un'unica caratteristica, la perseveranza, definita come l'abilità di mantenere la motivazione interna in assenza di una ricompensa esterna immediata.

Allo studio hanno preso parte 35 persone con un'età media di 22 anni, di cui 20 erano donne, essendo state escluse due di loro durante la prova.

Tra le caratteristiche che si dovevano avere per partecipare allo studio vi erano quelle di non soffire di depressione, cosa valutata attraverso la Beck Depression Inventory, e di ansia, cosa valutata attraverso la Beck Anxiety Inventory, oltre ad avere livelli di alessitimia, cosa valutata attraverso la Bermond-Vorst Alexithymia Questionnaire.

Si è osservato che la presenza di qualsiasi di questi tre fattori va a variare notevolmente i risultati delle prove di perseveranza così come evidenziato negli studi precedenti.

I partecipanti si sono divisi in due gruppi secondo il loro maggiore o minore livello di tolleranza della frustrazione.

È stata registrata l'attività cerebrale di tutti loro tramite una risonanza magnetica mentre dovevano svolgere un'attività in cui dovevano vedere una serie di immagini sullo schermo di un computer e indicare quanto era intensa l'emozione che suscitavano in loro.

I risultati hanno indicato un'attività cerebrale differente a seconda degli stimoli presentati, risultando questi positivi, negativi o neutri dal confronto tra i partecipanti con scarsa e quelli con alta perseveranza.

Quelli con scarsa perseveranza, che hanno un modello più vicino a quello che ci si aspetta da una persona vulnerabile alle dipendenze, mostrano una minore attività dell'amigdala e dell'ippocampo al momento di percepire gli stimoli positivi e neutri, oltre ad alcune differenze significative nell'amigdala e nella corteccia orbitofrontale sinistra al momento di analizzare gli stimoli negativi.

Con ciò si vuole dire che le persone con scarsa perseveranza vedono e sentono in modo diverso da quelle con alta perseveranza. Secondo gli autori dello studio ciò può risiedere all'origine delle dipendenze, cioè questa percezione differente della realtà.

Nonostante i risultati una limitazione importante di questo studio è quella di aver selezionato un'unica variabile come responsabile del comportamento che possa spiegare le dipendenze, dal momento che questo è sì un fattore rilevante ma non l'unico da tenere in considerazione.

È per questo che c'è bisogno di una nuova indagine al riguardo per poter comprendere nel complesso altre variabili implicate e per cercare quindi di comprendere il fenomeno della dipendenza in modo da poter mettere in atto programmi di prevenzione più efficaci che evitino, per quanto possibile, che le persone più vulnerabili alla dipendenza cadano in essa.

Allo stesso modo è necessario creare un gruppo di persone dipendenti insieme ad altre di un gruppo di controllo con cui poter fare un confronto, dato che nello studio non viene specificato se i partecipanti hanno o no qualche dipendenza e a che grado.

Al momento di prevenire questo disturbo che porta il paziente a mentire in modo compulsivo o patologico conviene tenere in considerazione i seguenti consigli:

- È importante costruire una "corretta" personalità nelle prime fasi della vita, insegnando al bambino a saper distinguere tra verità e bugia e tra gli effetti che l'una o l'altra comportano, e un esempio di ciò lo abbiamo nel racconto di "Pinocchio", in cui si tramanda che la bugia non è una buona consigliera e che provoca solo problemi.

- I mitomani sono soliti avere bassa autostima, da qui l'importanza di formarla in un ambiente positivo stabile, in cui si valorizzino i piccoli successi che si ottengono di modo che si rafforzi l'autostima man mano che si forma la persona.

- Se conosci una persona che sospetti possa stare utilizzando di continuo la bugia, fagli sapere primo che ciò non è di tuo gradimento e secondo delle conseguenze future che il continuare con questo atteggiamento può provocargli.

Far sì che un mitomane possa cambiare "con le buone"

non porta a nessuna conseguenza, mentre sarebbe meglio che sia egli stesso a cercare un aiuto professionale, in modo che si renda così conto di tutto ciò che ha potuto perdere a causa del suo comportamento; ma in quanto adulto, avrà lui alla fine l'ultima parola sul cercare aiuto oppure no.

- Se hai un familiare mitomane, dipendente dal mentire, digli che lo sai e che ti comporti tenendo conto di ciò, e allo stesso modo digli che pensi che sarebbe meglio che lui cercasse aiuto per superare la cosa, senza però cercare di obbligarlo; mostragli soprattutto i problemi presenti e futuri che il continuare a mentire può comportargli, come ad esempio problemi legali, di separazione o divorzio dal suo partner, o l'allontanamento o il rifiuto da parte di amici e familiari.

CAPITOLO 6. FONDAZIONE UNIVERSITARIA BEHAVIOR & LAW

La bugia non è una cosa che colpisce unicamente l'ambito delle relazioni interpersonali, così come è stato detto precedentemente, ma va molto oltre.

Saper rilevare la bugia e scoprire la verità è stato un duro compito con cui i corpi di sicurezza hanno da sempre dovuto avere a che fare. Il loro lavoro, cioè la prevenzione e il perseguimento del delitto, richiede di confrontarsi con persone che mentono in modo quasi professionale, e non si tratta tanto di mitomani, nel senso che questi non hanno nessuna intenzione oltre quella di sembrare più di ciò che si è in realtà.

In questo caso si tratta di delinquenti che vogliono mentire consapevolmente, nascondendo la verità, rigirandola e portandola fuori dal contesto per riuscire ad ottenere ciò che si vuole. Ma in questi casi che può fare la polizia? Come può scoprire la verità?

Per rispondere a questa e ad altre domande condivido la seguente intervista fatta a D. Rafael López, Direttore della Fondazione Universitaria Behavior & Law, che ci parla della sua iniziativa a partire dal mondo accademico e dell'indagine per preparare i professionisti sanitari e dell'ambito della sicurezza a saper scoprire i bugiardi.

- Cos'è la Fondazione Universitaria Behavior & Law e qual è il suo obiettivo?

Behavior & Law è un concetto che racchiude due entità.

La Fondazione Universitaria Behavior & Law. Fondazione formata nell'ottobre del 2013, con CIF G86851961, attualmente in fase di iscrizione al Registro delle Fondazioni. La Fondazione Universitaria Behavior & Law è costituita dal patrimonio personale e familiare del Dr. Rafael López, in un momento in cui i finanziamenti pubblici per la ricerca sono scarsi. Questa scarsità riguarda in misura maggiore l'ambito delle Scienze del Comportamento e delle Scienze Forensi, le quali tradizionalmente ricevono una piccola percentuale della quantità destinata a finanziare la ricerca. Con ciò si evidenzia il problema principale per la creazione della fondazione: la necessità che esista nell'ambito accademico il finanziamento alla ricerca.

Promozione e Divulgazione Scientifica S.L.. È una società nata nel 2005 con un capitale azionario di 129.000 €. È iscritta al Registro Mercantile di Madrid, tomo 20869, libro 0, cartella 8, sezione 8, foglio M-369887, con CIF B84174192. Attraverso di essa si organizza e si struttura tutto il lavoro docente di Behavior & Law.

Behavior & Law, per raggiungere l'obiettivo di divulgare e formare con un alto livello di eccellenza, stabilisce la necessaria collaborazione con entità universitarie e istituzioni dell'ambito forense di prima linea, a livello nazionale e internazionale.

Con questa doppia motivazione, insieme ad un piccolo ma eccezionale team e continuando il lavoro iniziato anni prima con il Club del Linguaggio non Verbale, si costituiscono le entità che formano Behavior & Law, un concetto umile e orientato alla società e, allo stesso tempo, estremamente operativo, agile e orientato all'eccellenza.

- Come nasce la Fondazione Universitaria Behavior & Law e a chi è indirizzata?

Buona parte del nostro lavoro lo facciamo senza scopi di lucro, e ciò è conseguenza del debito che abbiamo verso la società che ci accoglie, e in questo senso la figura giuridica che più corrisponde ai nostri propositi è una Fondazione.

- Che lavoro di ricerca viene realizzato dalla Fondazione Universitaria Behavior & Law?

L'obiettivo principale di Behavior & Law è la promozione della ricerca scientifica nell'ambito delle Scienze del Comportamento e delle Scienze Forensi.

Per questo concentriamo la nostra attività su:

- Gruppi di ricerca, con una visione molto pratica. Ci attrae la linea di ricerca che sfocia in risultati pratici e i team multidisciplinari formati da investigatori e professionisti dell'ambito forense e del comportamento.

- Collaborazione con università e istituzioni di ricerca a livello internazionale.

- Istituzione di borse di studio per finanziare i campi di ricerca.

1. Obiettivi. Come piano strategico per l'anno 2014, Behavior & Law, attraverso la sua Fondazione (entità in fase di iscrizione al Registro delle Fondazioni), prevede di destinare una cifra vicina ai 20.000 € a borse di studio, di realizzare il "Primo Congresso Scientifico-Divulgativo Behavior & Law" e di sviluppare linee di ricerca in collaborazione con università di prestigio potenziando la presenza internazionale della fondazione.

2. Membri. Dei nostri gruppi di ricerca fanno parte professori di rilevanti istituzioni universitarie:

- Università Autonoma di Madrid (I.C.F.S.);

- Università Miguel Hernández (Crimine);

- Università Camilo José Cela (Dipartimento di Psicologia);

- Università Statale di San Francisco;

- Università Autonoma del Messico.

A questi ricercatori provenienti dal mondo accademico bisogna aggiungere un eccezionale gruppo di professionisti che, a partire dall'ambito applicato, fanno sì che le nostre ricerche abbiano un marcato carattere pratico, come i membri di:

- Sezione di Analisi del Comportamento del Corpo Nazionale di Polizia;

- Sezione di Analisi del Comportamento Criminale della Guardia Civile;

- Centro Nazionale di Intelligenza;

- L'Ertzaintza;

- Istituto Nazionale della Sicurezza Sociale.

Il nostro programma di ricerca per gli anni 2014-2015 riprende le seguenti linee di lavoro che si riuniscono in due gruppi di ricerca:

- Non verbale:

1. Scienze del Comportamento;

1.1 Espressione e Riconoscimento Emotivo.

- Gruppo di ricerca forense:

2. Scienze Forensi;

2.1 Protocollo di analisi del comportamento non verbale;

2.2 Rilevamento della bugia;

2.3 Comportamento e Personalità;

2.4 Violenza di genere.

- Qual è il lavoro divulgativo della Fondazione Universitaria Behavior & Law?

Noi ci sentiamo orgogliosi di contribuire allo sviluppo della scienza, ma allo stesso modo pensiamo che uno degli obiettivi principali della Behavior & Law sia la divulgazione scientifica.

Attualmente mettiamo a disposizione dei nostri lettori, in modo gratuito, differenti articoli che raccolgono ricerche realizzate dalle università di tutto il mondo, le quali sono state pubblicate su riviste scientifiche. Li riassumiamo, li traduciamo in spagnolo e li mettiamo a disposizione dei più di 300.000 lettori del nostro blog.

Behavior & Law ha stabilito nelle sue linee d'azione quattro canali perfettamente definiti di divulgazione scientifica:

1. Club del Linguaggio non Verbale e Club delle Scienze Forensi. Divulgazione attraverso i nostri club, in cui si pubblicano periodicamente riassunti, in spagnolo, di articoli scientifici pubblicati su riviste di forte diffusione, che sono stati pubblicati da ricercatori di università sparse in tutto il mondo.

2. Congres Scientifico. Divulgazione attraverso il

nostro Congresso Scientifico. Nel 2014 c'è un appuntamento irrinunciabile per studenti e professionisti delle Scienze Forensi e del Comportamento, che si terrà il prossimo 27 giugno a Madrid. Consisterà in presentazioni scientifiche e in un ciclo monografico di conferenze sul rilevamento della menzogna.

3. Libri e manuali. Divulgazione attraverso la pubblicazione di libri e manuali (in progettazione).

4. Rivista scientifica. Divulgazione attraverso la rivista scientifica della Behavior & Law (in progettazione).

- Che formazione viene offerta attraverso la Fondazione Universitaria Behavior & Law?

Nella Behavior & Law sviluppiamo programmi di Formazione Universitaria che riuniscono una serie di caratteristiche fondamentali e comuni: sono impartiti dai professori e dai ricercatori più importanti in lingua spagnola; sono avallati dalle università collaboratrici; si basano sul rigore scientifico; utilizzano strumenti di e-learning che rendono accessibile la formazione a persone di tutto il mondo. I programmi si dividono in:

1. Programmi di Post-Laurea. Al momento disponiamo di programmi dei Master in Comportamento non Verbale e in Specializzazione Universitaria in Comportamento non Verbale. Entrambi sono titoli emessi dalla prestigiosa Università Camilo José Cela e diretti da questa istituzione

e dal Club del Linguaggio non Verbale. A questo programma hanno preso parte i più autorevoli professori provenienti da più di venti università diverse, i Corpi di Sicurezza dello Stato, la Magistratura e altri ambiti professionali che lo rendono oggi il riferimento internazionale in materia di comportamento non verbale.

2. Corsi di perfezionamento Universitario. Sono corsi che soddisfano i seguenti requisiti:

- Titoli congiunti di Behavior & Law e di una delle nostre società collaboratrici;

- Durata tra uno e due mesi (in funzione del corso specifico);

- Incentrati su un ambito professionale o di conoscenza concreto;

- 100% online;

- Diretti da persone rilevanti in ogni materia specifica;

- Incentrati su due ambiti: corsi sul Comportamento non Verbale e corsi sulle materie delle Scienze Forensi.

3. Conferenze. Partecipiamo abitualmente come conferenzieri a diversi forum relazionati all'ambito del comportamento e del forense impartiti da diverse università e istituzioni di diversi paesi.

4. Seminari in presenza. Durante l'anno siamo soliti fare vari corsi monografici in presenza su diverse materie per gli abbonati ai nostri club e prendiamo parte alla formazione di diverse imprese, scuole professionali, associazioni e altri gruppi.

- Quali sono i risultati raggiunti dalla Fondazione Universitaria Behavior & Law?

I risultati non sarebbero tanto della Fondazione, che si trova in un processo di costituzione in attesa del registro opportuno di cui stiamo trattando da mesi. I risultati sarebbe meglio definirli attraverso la persona di Rafael e il suo viaggio in solitaria durato anni alla scoperta di queste conoscenze in Spagna e nell'ambito dei Paesi di lingua spagnola, senza dimenticare l'indifferenza e la sfiducia mostrate dalle istituzioni agli inizi. Fortunatamente questa tendenza è cambiata e la valutazione che a partire da diversi ambiti si tiene di questa materia è abbastanza positiva al momento.

- Quali risultati si aspetta che vengano conseguiti nei prossimi anni dalla Fondazione Universitaria Behavior & Law?

Abbiamo bisogno che la società capisca che queste conoscenze contribuiscono ad una gestione più umana di qualsiasi organizzazione, e che l'interazione tra le persone è fondamentale che sia costruita su una base solida il cui fondamento essenziale deve essere l'allontanamento della bugia dalle nostre relazioni. Questo da un lato ma non dobbiamo poi ignorare che il nostro lavoro comprende un aspetto molto importante nello studio delle Scienze Forensi, che a nostro avviso è un complemento perfetto in quello delle Scienze del Comportamento.

CAPITOLO 7. CONCLUSIONI

In questo e-book si è offerta una visione chiara e accessibile della realtà della bugia compulsiva, denominata mitomania, e si è parlato dei suoi sintomi, cause, conseguenze e trattamento.

Tutto ciò è orientato alla comprensione di ciò che sta passando questa persona e indirizzato a familiari e amici che abbiano vicino una persona con queste caratteristiche.

Bisogna tener chiaro che è relativamente facile scoprire un mitomane ma è molto difficile farlo cambiare.

Tenendo in considerazione che si tratta di una dipendenza dal mentire, bisogna considerare la necessità di un intervento da parte di uno specialista che sia di aiuto nel processo di "disintossicazione" dalla bugia, cosa veramente difficile.

Nell'e-book si è prestata particolare attenzione alla distinzione di questo fenomeno da altri che comportano allo stesso modo processi di inganno e menzogna ma che non sono dovuti però alla mitomania.

Allo stesso modo si è cercato di fornire informazioni e raccomandazioni a familiari e amici su quale sia il modo migliore di comportarsi davanti ad un mitomane, soprattutto ponendo l'accento su quelle persone che stanno iniziando una relazione con un mitomane e su quelle coppie stabili che si stanno chiedendo se ne valga la pena lo sforzo per continuare la relazione nonostante le bugie.

Tutto ciò è basato sulle ultime ricerche scientifiche, presentate in modo chiaro ed evitando i tecnicismi, in modo da renderle più accessibili.

Allo stesso modo, ogni articolo scientifico esposto è stato contestualizzato attraverso una breve introduzione alla tematica concreta che si desidera risolvere e commentato alla fine dello stesso, il che presuppone un momento extra quando si tratta di comprendere la validità di quest'ultimo.